气度决定格局

QIDU JUEDING GEJU

马云20年创业精髓

西武◎编著

哈尔滨出版社

H.P.H

HARBIN PUBLISHING HOUSE

图书在版编目（CIP）数据

气度决定格局：马云20年创业精髓／西武编著.—
哈尔滨：哈尔滨出版社，2015.10
　　ISBN 978-7-5484-2273-0

　　Ⅰ．①气… Ⅱ．①西… Ⅲ．①马云–生平事迹②电子
商务–商业企业管理–经验–杭州市 Ⅳ．①K825.38
②F724.6

中国版本图书馆CIP数据核字（2015）第216429号

书　　名：**气度决定格局——马云20年创业精髓**

作　　者：西　武　编著
责任编辑：尉晓敏　韩金华
责任审校：李　战
封面设计：华夏视觉／李彦生

出版发行：哈尔滨出版社（Harbin Publishing House）
社　　址：哈尔滨市松北区世坤路738号9号楼　　邮编：150028
经　　销：全国新华书店
印　　刷：北京嘉业印刷厂
网　　址：www.hrbcbs.com　　www.mifengniao.com
E－mail：hrbcbs@yeah.net
编辑版权热线：（0451）87900271　87900272
邮购热线：4006900345（0451）87900345　或登录蜜蜂鸟网站购买
销售热线：（0451）87900201　87900202　87900203

开　　本：710mm×1000mm　　1/16　　印张：14.5　　字数：220千字
版　　次：2015年10月第1版
印　　次：2018年4月第5次印刷
书　　号：ISBN 978-7-5484-2273-0
定　　价：35.00元

凡购本社图书发现印装错误，请与本社印制部联系调换。　服务热线：（0451）87900278
本社法律顾问：黑龙江佳鹏律师事务所

序

男人的胸怀是被委屈撑大的

宠辱不惊看庭前花开花落，那是修炼之后的一种境界，没有人生来就如此淡定。每一位创业者都承载着委屈一路走来，从创业之初的兢兢业业，到经营过程中的迷茫、浮躁、不断探索与思考，他们的内心承受着各种各样的折磨与考验。有时候不得不力排众议，坚持自己的决定；有时候一个做法推行下去，会面对很多人的不解甚至非议。面对这些，谁都无法逐一向每个人解释，他们唯一能做的就是背负着委屈继续前行。

那些引领潮流、开创历史先河的旷世男儿并不是超人，面对人们的误解，他们也有无法诉说的委屈，他们的不同在于，即便受到再大的委屈，也会咬着牙挺过来，经历之后回头看看，觉得那些挫折也不过如此。

在一次次的磨砺中，男人的心智越来越成熟，胸怀也被委屈渐渐撑大，胸怀的开阔为他们的下一步成功奠定了基础。

阿里巴巴的创始人马云说："胸怀是非常重要的，一个人有眼光没胸怀是很倒霉的。《三国演义》里的周瑜就是眼光很厉害，胸怀很小，所以被诸葛亮气死了。宰相肚里能撑船，说明宰相怨气太多了，他不可能每天跟人解释，只能干，用胸怀跟人解释。每个人的胸怀都是被委屈撑大的。"

"对我来讲，人家说'马云，你一不懂技术、二不懂营销、三不懂市场，几乎没有懂的东西'。我真的是几乎没有懂的东西，我是杭师院（杭州师范学院，今杭州师范大学）毕业的，学的是英文，应该去教高中。在几乎什么都不懂的情况下我发现男人需要胸怀，去容纳他们，去理解他们，去倾听他们，这是很重要的事。"

男人的确需要胸怀，胸怀有时候是一种抗压能力，扛过去了，就能看到明天，就能开拓未来；败下阵来，就只能停留在现有高度，然后不断倒退。人生的高低起伏是由他本人的胸襟和气度决定的，有多开阔的胸怀，就能容纳多开阔的天地，所以，那些身处逆境却一步步挣扎着向前爬的钢铁男儿，从不提起他们的委屈，但一路走来的种种经历却让他们的胸怀一天比一天开阔。

经历了困苦磨难的男人从不高谈阔论，他们被委屈撑大的胸怀却满载智慧，这智慧撑起了他们事业的格局与未来。这些肩扛重担的男人从委屈中一路走来，胸怀一寸寸变得开阔，人生和事业的高度也随之攀缘而上，每一次经历与成长都会带给他们凤凰涅槃般的重生与升华。

马云就是一位江湖侠客一样的血性男儿，他曾从备受非议中走过。创业之初，外界认为他和他的员工们全是疯子，他的开创精神、他的敢于颠覆让他承受了很多委屈，但他不解释、不申辩，只是一路前行，最终成为一颗耀眼的创业明星。本书通过马云创业的所想、所说、所做，让你与马云零距离接触，让你感受到一位创业家的胸怀与气度，告诉你什么是真正的创业者，怎样才能成为一位真正的创业者。

认识了马云，你就懂得了创业，了解了马云的胸襟和气度，在你的创业之路上，你将会变得更睿智、更豁达、更理性、更坚定！

第一章　致天下所有创业者：
80% 的年轻人创业都能成功

创业者往往是开拓者，在 MBA 学了很多知识，未必可以让你去创业。创业者最大的快乐就是在创业过程中去学习，去提升。

第二章　经营理念：
CEO 的主要任务是对机会说"No"

看见 10 只兔子，你到底抓哪一只？有些人一会儿抓这只兔子，一会儿抓那只兔子，最后可能一只也抓不住。CEO 的主要任务不是寻找机会，而是对机会说"No"。机会太多，只能抓一个，抓多了，什么都会丢掉。

企业管理：
三流的点子加上一流的执行水平

三流的点子加上一流的执行水平，要比一流的点子加上三流的执行水平更重要。

竞争战略：
光脚的永远不怕穿鞋的

我既要扔鞭炮，又要扔炸弹。扔鞭炮是为了吸引别人的注意，迷惑敌人，扔炸弹才是我真正的目的。不过，我可不会告诉你我什么时候扔鞭炮，什么时候扔炸弹。游戏就是要虚虚实实，这样才开心。如果你在游戏中感到很痛苦，那说明你的玩法选错了。

第五章 客户关系：
为客户提供实实在在的服务

我没有关系，也没有钱，我是一点点起来的，我认为关系特别不可靠，做生意不能凭关系，做生意也不能凭小聪明。做生意最重要的是你明白客户需要什么，实实在在创造价值，坚持下去。

第六章 人才的选拔与任用：
平凡人在一起却做出了不平凡的事

如果你认为我们是疯子，请你离开；如果你专等上市，请你离开；如果你带着不利于公司的个人目的，请你离开；如果你心浮气躁，请你离开。

领导的艺术：
只有在逆境的时候，才是真正的领导力

领导力在顺境的时候，每个人都能表现出来；只有在逆境的时候，才是真正的领导力。

资本运作：
如果一开始想到卖，你可能就走偏了

建一个公司的时候要考虑有好的价值才卖。如果一开始想到卖，你的路可能就走偏了。

互联网、电子商务：
互联网像一杯啤酒，有沫的时候最好喝

互联网是影响人类未来生活 30 年的 3000 米长跑，你必须跑得像兔子一样快，又要像乌龟一样耐跑。

论成功失败：
有结果未必是成功，但是没有结果一定是失败

我无法定义成功，但我知道什么是失败！成功不在于你做成了多少，而在于你做了什么，历练了什么！

胸怀决定高度

胸怀这个字眼里边就有使命感。因为有使命感，你就有这种胸怀，让别人去说，知道自己在做什么，而且我一定要把它做出来。

气度决定格局

这个世界不需要再多一家互联网公司，也不需要再多一家会挣钱的公司；这个世界需要的是一家更加开放、更加透明、更懂分享、更负责任，也更为全球化的公司；这个世界需要的是一家来自社会，服务社会，对未来社会敢于承担责任的公司；这个世界需要的是一种文化、一种精神、一种信念、一种担当。因为只有这些才能让我们在艰苦的创业中走得更远、走得更好、走得更舒坦。

致天下所有创业者：
80% 的年轻人创业都能成功

第
一
章

创业者往往是开拓者，在 MBA 学
了很多知识，未必可以让你去创业。
创业者最大的快乐就是在创业过程中
去学习，去提升。

讲心里话，我反对大学生创业，大学生的创业就是把书读好，因为创业会遇到好多好多倒霉的事情……创业是很难的，是一辈子的事情，大学里面不要创业。

创业的时候，我建议大家要做自己最容易做好，最喜欢做的事情，别挑一个特别大的。企业永远做一件该做的事情，别去跨到政府该做的事情，那样会很累。

有些人，创业初期是很有激情的，但激情来得快，去得也快，所以，我希望你们的激情能保持 3 年，保持一辈子……

我觉得创业者要知道这样一种境界：痛苦地坚持，快乐地死去。创业的过程是痛苦的，你要不断地克服一个又一个的困难，以获得更大的成功；百年以后，当你死的时候，你会觉得很快乐：人的一生，我奋斗过了，我得到了快乐。

从创业的第一天起，任何一个创业者都要有这个心理准备：每天要思考自己未来的 10 年、20 年要面对什么。要记住：你碰到的倒霉的事情，在这几十年将遇到的困难中，只不过是很小的一部分。

要用自己的双手温暖自己，困难是自己走过来的。没有自己经历过困难的人，是不会克服更多的困难。

一定要坚信自己在做什么

　　我永远坚信这句话：你说的都是对的，别人都认同你了，那还轮得到你吗？你一定要坚信自己在做什么。

——马云

　　1995 年，30 岁的马云在西雅图第一次接触到互联网，他也由此产生了将中国企业的资料放到网页上去向全世界宣传的最初想法。

　　"当时我在西雅图的一个大学里，有个老朋友对我说：'给你看一样东西，它可以找到所有你想找的东西。'一开始我不敢碰电脑，因为我知道它很贵，按键盘都怕把键盘弄坏了。在朋友的帮助下我在搜索引擎上输入了'中国'这个词，可是什么也没有出现，接着我输入了英文的'啤酒'这个词，还真是神奇，德国的、英国的、美国的啤酒都出来了，可就是没有中国的啤酒。于是我又在朋友的帮助下，把我在杭州搞的海博翻译社做成一个特别简陋的网页放上去，接着就去逛街了。但到回来的时候，他们就叫我去看。因为这个网页，在这几个小时里我已经收到了 5 封电子邮件。5 封电子邮件里都说，我刚刚做的这个网页，是他们在互联网上所能搜索到的第一个中国公司网页，他们有事情要与我合作。所以，当时我就在想，哎，这个东西可能会有戏。"

　　觉得互联网有戏的马云回国后，决定创办一个网络公司。他的构想是：自己在国内向企业收钱并把企业的资料收集起来，翻译成英文，快递到美国，然后再让美国的朋友做成网页放到网上。为此，他找了 24 个朋友到自己家里来咨询他们的意见。

　　那时互联网在杭州根本没有出现，再加上马云自己对互联网技术也是一窍不通，因此，马云只能模模糊糊地讲个大概，而他的朋友们更是听得糊里糊涂。当时这24个人里有23个人对马云的决定表示反对："这玩意太邪了吧，政府还没开始操作的东西，不是我们干的，也不是你马云干的；你也不是很有钱，能拿几千万资金？"只有一个人对马云说："你要是真的想做的话，你倒是可以试试看。"

尽管大家都反对，但马云已经下定决心要干了。为此，马云辞去了高校教师的工作。他找来一个学自动控制的创业伙伴何一冰，加上自己的妻子张英，三个人在一座大楼里租了一间办公室，把家里的家具搬到办公室，再借了点钱就开始了他们的创业之路。时间是1995年4月。

那时，身为杭州十大杰出青年教师之一，还是学校驻外办事处主任的马云，毅然放弃在学校工作的光明前途而投身未知的互联网，这让大家都觉得马云"疯了"。学生不理解，家人不理解，朋友也不理解，但马云自己心里明白，他相信自己看好的东西。

后来，马云在创建阿里巴巴的时候，提出了独特的B2B（Business to Business）商业模式，选择为80%的中小企业服务。这种"疯子设想"在最开始的几年，一直不被人们所看好。可别人越不看好的，马云就越要出其不意地试试看。面对别人的质疑和嘲讽，马云也毫不在意："我们在打地基，至于要盖什么样的楼，图纸没有公布过，但有些人已经在评论我们的房子怎么不好看。有些公司的房子的确很好看，但地基不稳，一有大风就倒了。"

在eBay与易趣强强联合，占领了中国80%以上C2C（Consumer to Consumer）市场份额的时候，马云却宣布进军C2C领域，打造淘宝网。这种"蚂蚁"挑战"大象"的行为，让人们再一次认为马云"疯了"。但马云不在乎，他只相信自己的感觉。

当初一片未知的互联网如今彻底改变了社会的方方面面。不被大家看好的B2B模式使阿里巴巴成为中国互联网上第一个赢利的企业；淘宝只用了不到两年时间，就打败了强大的竞争对手eBay-易趣。马云用事实证明了自己的正确，用实实在在的成绩使投资商心服口服。

"投钱给我的创投基金说，第一天开始就听不懂我的话，但还是每年投钱进来。现在他们都说：'Jack，我不跟你吵，你去干吧！'我跟公司的 COO（首席运营官）也是吵了 6 年了，每年我们打赌 1 万元看我说出的话能否做到，结果第 7 年他就不跟我吵了，也不再跟我打赌了。"

回顾以往的经历，马云认为一定要坚信自己是正确的。他说：

"阿里巴巴从成立以来一直备受质疑，从 8 年前我做阿里巴巴的时候一路被骂过来，都说这个东西不可能。不过没关系，我不怕骂，在中国反正别人也骂不过我。我也不在乎别人怎么骂，因为我永远坚信这句话：你说的都是对的，别人都认同你了，那还轮得到你吗？你一定要坚信自己在做什么。"

"我坚信互联网会影响中国、改变中国，我坚信中国可以发展电子商务。我也相信电子商务要发展，必须先让客户富起来，如果客户不富起来，阿里巴巴就只是一个虚幻的东西。我希望阿里巴巴为中国的网商，为中小企业创造更多的百万富翁、千万富翁。"

困难时，学会用左手温暖右手

创业这么多年，我遇到了太多的倒霉事，但只要有一点好事，就会让自己非常开心。

——马云

创业的道路是艰难的，在这条路上有无数的艰辛、苦难、挫折和失败。"外人看到的都是企业家光辉灿烂的时候，其实他们付出的代价，谁知道？我们所经历的，大家看到辉煌的一面只占 20%，艰难的一面达 80%，5 年以来我们都是在一路挫折中走过来的，没有辉煌的过去可谈。每一天、每一个步骤、每一个决定都是很艰难的。在别人看来，我们这一年发展这么快，其实是这一年内我们发挥了积累了 5 年的经验，而且我们付出的比人家 10 年付出的还要多。"这是马云在创业道路上的真实体会。

阿里巴巴一路走来，经历了常人难以想象的困难。草创时期的艰苦奋斗、步履维艰，互联网"冬天"时跪着过冬，淘宝受人无理质疑，面对这一个又一个的困难，马云用他那坚强的毅力和永不放弃的精神坚持了下来。因此，马云告诉所有的创业者要有面对困难的准备：

"对所有创业者来说，永远告诉自己一句话：从创业的第一天起，你每天要面对的是困难和失败，而不是成功；我最困难的时候还没有到，但那一天一定会到；困难不是不能躲避，但不能让别人替你去扛。9 年创业的经验告诉我，任何困难都必须你自己去面对，创业者就是要面对困难。"

不过，从另一方面来说，困难也意味着财富，可以帮助创业者迅速成长。"5年的苦难是我们最大的财富，也是成功的重要原因；别人可以拷贝我们的网站，但无法拷贝我们 5 年的苦难。"马云认为正是阿里巴巴"曾经犯了很多错误，走了很多弯路，使得我们更有信心面对明天的挑战。别人没想到办互联网企业会有这么痛苦，我有比这痛苦 20 倍的心理准备，那就不会失败。只要面对现实，敢于承认错误，总会有办法解决。"

的确，世上没有过不去的坎儿，遇到困难时，抱怨、流泪都没有用，要的是面对困难、解决困难。"那时候，很多人说阿里巴巴如果能成功，无疑就是把一艘万吨轮抬到喜马拉雅山上面。我跟我的同事说我们的任务是：把这艘万吨轮从山顶抬到山脚下。别人怎么说，没办法的事。你自己要明白，我要去哪里，我能为社会创造什么价值。创业的时候，我的同事可能流过泪，我的朋友可能流过泪，但我没有，因为流泪没有用。"

流泪没有用，抱怨也没有用，从马云那儿几乎听不到抱怨。他更乐于讲述的是，阿里巴巴活得不错。在他看来："困难的时候，你要学会用左手温暖你的右手。你在开心的时候，把开心带给别人；在你不开心的时候，别人才会把开心带给你。开心快乐是一种投资，你开心就要和别人分享，然后有一天别人才会回报你。"

"如果你在创业第一天就说，我是来享受痛苦的，那么你就会变得很开心。我在 1992 年做销售的时候，我说创业中乐观主义很重要，销售 10 次，10 次成绩可能为零，出去以后，果然是零，说得真对，要奖励一下自己。"

马云正是抱着这种乐观的心态克服了一个又一个的困难。在他看来，创业者要学会自己保护自己，困难时"学会用左手温暖右手"。

在说到如何在创业中坚持下来的问题时，马云认为：

"第一，我自己告诉自己，我做的事情是对的。第二，我做的事情是非常艰难的，很少有人做得了，但是我愿意尝试，这是一个临界，你跨过这个临界——最艰难的黑暗，你就有可能看到曙光，黎明前的黑暗是最难挨的。"

"这么多年以来，我已经经历了很多的痛苦，所以我就不在乎后面有更多的痛苦，反正来一个我灭一个。"人生，要的就是这种不怕困难的勇气！

一个创业者最重要的，就是你的诚信

> 我觉得一个 CEO、一个创业者最重要的，也是最大的财富，就是
> 你的诚信。
>
> ——马云

"红顶商人"胡雪岩常说："江湖上做事，说一句算一句，答应了的事，不能反悔，不然叫人看不起，以后就吃不开了。"这是他一生始终秉承的诚信理念，也是他的经营之道。同样，马云也是一个将诚信看得很重的人。他信守诺言、为人坦荡。为了自己对老校长的一句诺言，马云在学校里教书一教就是 6 年。

马云就读的杭州师范学院，在他之前，该校从来没有学生毕业后就进入高校任教的，但马云破了这个先例。大学毕业时，马云被破格分配到杭州电子工业学院当老师，五百多名毕业生中，他是唯一被分到高校任教的。当时母校校长要马云 5 年内不准离开分配去的那所高校，马云答应了。马云对自己答应的事情就要做到。他明白校长要他这么做的原因：如果他走了的话，以后母校毕业生可能永远没有人能被分配到大学里去。

让我们看看马云自己的叙述：

"我大学毕业的时候，在校门口碰到我的校长，校长对我说：'马云，你到那个学校 5 年内不许出来。'我拍一拍脑袋，回答说：'好，我 5 年内不出来。'没想到分配到那个学校，我一个月工资只有 89 块，而改革开放初期的深圳每月可以给我 1200 元的待遇，是很大的诱惑。我想既然承诺了，就不能去。后来海南开放了，我可以赚取到每月 3600 元的待遇，我还是信守承诺，就是不能去。"

就是因为当时对校长的一句承诺，马云一直没有离开那所学校，直到承诺期

满。这就是马云对诚信、信用的认识，它"不是一种高深空洞的理念，而是实实在在的言出必行、点点滴滴的细节"。正因为这样，才有那么多人被他的人格魅力所吸引，愿意与他并肩作战，共同进退。

的确，"诚信是个基石，最基础的东西往往是最难做的。但是谁做好了这个，谁的路就可以走得很长、很远"。这也是马云认为"史玉柱一个人能成为中国首富，又变成中国首负，再回到中国首富"的原因。他说："我很少看见有再回来的，能回来很重要的一个东西，就是诚信。也许我们大家不太喜欢，包括我自己也不喜欢他脑白金的广告，丑丑的、傻傻的，但是他有自己的底线，诚信的底线——还款。史玉柱能够回来，在中国企业界有这样的成就，我觉得诚信是最最关键的一样东西。"

所以，记住永远要信守诺言，永远以诚信为本，它是你最大的财富。

马云在《赢在中国》的现场，也曾经这么告诫创业者说："我觉得一个CEO，一个创业者最重要的，也是最大的财富，就是你的诚信。"他还举了这么一个例子："比如我今天缺 1 亿美金，打电话 3 天之内肯定到账。现在很多房地产老板叫他拿出 1 亿人民币出来看看！看他有好大的家产，没有用，不一定有人敢借给他钱。今天以我的信用，打电话给孙正义、郭炳江，说我今天资金有问题，我相信他们不会眨眼睛，他们都会说：'I can do！（我可以做！）'"

永远不要忘记第一天的梦想

> 我觉得很多人都一样，第一天的梦想都很美好，但是走着走着发现
> 自己忘了第一天想的是要干什么。
>
> ——马云

马云在《赢在中国》现场曾经这样点评一个参赛选手："人不能沉浸在自己所谓的成功里面。所以我给你一个建议：人永远不要忘记自己第一天的梦想，你的梦想是世界上最伟大的事情，就是帮助别人成功，不能走到后面以后又改回来。"

是的，任何创业者第一天创业的梦想都是最美丽的。阿里巴巴创业第一天的梦想就是要成为全球十大网站之一，让全世界每个商人都用阿里巴巴！因此，在2005年8月阿里巴巴收购雅虎中国后，马云对雅虎中国进行了一系列的整合，将其业务重点重新转向了搜索领域。当然，雅虎的搜索"不会是传统意义上的纯搜索概念"，它是为电子商务服务的，被定位为一个面向企业、商务和富人的搜索引擎。

"搜索引擎归根到底只是一个工具。既然它是一个工具，就必须为阿里巴巴的电子商务服务。阿里巴巴自成立以来，一直在从事电子商务，我们做了B2B、淘宝等等，但我们觉得我们最缺的就是搜索引擎。我们当年跟任何年少气盛的人一样，每个人都希望快点赢，就怕时间不够。今天我反而沉静下来，我觉得很多人都一样，第一天的梦想都很美好，但是走着走着发现自己忘了第一天想的是要干什么。我们现在问自己，为什么要收购雅虎搜索引擎，我们是希望自己成为跟现在Google、百度一样的搜索门户？还是只为我们的电子商务服务？我们第一

天是说为电子商务服务，为什么不返回到电子商务的轨道上？这样一沉静下来我们就觉得，我们不需要做得很快，但是我们必须做得很好，必须做得对中国的网民和电子商务真正有用，如果没有搜索引擎的帮助，我们的电子商务就很不完美。"马云这样说。

正是基于"电子商务＋搜索"的战略，马云决定为雅虎中国"瘦身"，将雅虎中国的所有业务按未来的电子商务方向进行取舍。雅虎中国原来"门户＋搜索"的战略被马云重新定义为"搜索"。无线业务第一个被砍掉，理由是"与色情沾边，不健康"；"牛皮癣"广告也被毫不迟疑地拿下；一搜被叫停；一拍被淘宝合并；最后只有娱乐、体育和财经被保留了下来。

对保留娱乐、体育和财经的内容，马云是这么看的：

"对我们来讲阿里巴巴一贯帮助中小企业成长，帮助企业成长是我们的目的。第一，'财经'是企业成长的必要新闻，'财经'做起来也是我们的拿手戏，中国900万家企业需要'财经'。第二，'体育'是健康的标准。第三，'娱乐'是快乐的标准。所以我们的定位：和谐社会三要素，'财经'是富有、'娱乐'是快乐、'体育'是健康，富有、快乐、健康就是和谐社会，我们做网站也是往这个方向走的。但是我们的'娱乐'不会走向低俗，'娱乐'必须引导未来的趋势，'娱乐'只有代表趋势、代表时尚的时候才是真正的'娱乐'，所以我们会全力投资'娱乐'的发展。我看过《天下无贼》后才明白黎叔说人才多重要的道理。'娱乐'是代表未来，如果不能把握未来，就像今天不知道'超女'，你可能不知道这世界上很多事情在变化，所以'娱乐'是一种趋势。"

雅虎中国经过马云大刀阔斧地删减后，其搜索引擎吸引了更多的企业客户。这正是马云想要的结果："我们不需要在市场份额上同百度一争高低。对于那些对做生意和赚钱不感兴趣的用户，我们不需要，他们可以去百度。我们主要的焦点将集中在高端用户。"

当然，在电子商务这条道路上，阿里巴巴要走的路还很长很长。"放弃是很容易的，但我们决不会放弃我们第一天的梦想！"这就是马云的态度。只要不忘记自己第一天的梦想，始终沿着最初的目标走下去，就会距离梦想越来越近。

先做好，而不是做大

初创企业都希望迅速做大做强，但生存下来的第一个想法应该是做好，而不是做大，这是我们这么多年走下来的经验。

——马云

"每个成长型企业都会碰到成长中的痛苦，几乎所有以销售为导向的企业都会遇到先求生存后求发展的问题，一旦生存好了之后就忘记了自己是为了生存。"有的企业希望一上手就迅速做大做强，可马云认为企业"生存下来的第一个想法是做好，而不是做大"。

大家可以看到，那些知名企业最初都有一个最擅长的领域，努力把品牌做强而后才做大。将品牌做好做强后自然有的是机会做大，而如果一开始就迅速做大的话，反而会落到迅速做大的陷阱里面去，最终导致失败。

在《赢在中国》现场点评参赛选手时，马云给创业者的意见都是建议他们不要贪大求多，重要的是做精做透。"要少开店、开好店，店不在于多，而在于精。"这样才能开更多的店。为了更好地说明做精做透的重要，马云还说：

"跟大家讲一个事儿，前段时间我跟吴鹰拜访了李嘉诚，他讲了一个事，在座的创业者可以思考一下。有人问李嘉诚凭什么到处投资，做这个，做那个，基本都成功，为什么中国绝大多数人都不成功，你能成功？李嘉诚回答说，手头上一定要有一样产品是天塌下来都是挣钱的。因此，不一定做大，但一定要先做好。星巴克的咖啡卖两三百年，一万五千家店开到全世界。一定要有独特的想法，等你有独特的想法再推广也来得及。"

杰克·韦尔奇也说："如果通用公司不能在某一个领域做到数一数二，我们将毫不犹豫地卖掉或者彻底退出这个领域。"所以，对初创企业来说，第一个想法是做好。"做小了，但一定要做的独特。"选择自己最擅长的领域做精做透，形成自己的竞争力，然后才有做大的可能。

80% 的年轻人创业都能成功

> 我是个很笨的人：算，算不过人家；说，说不过人家。但是我创业成功了。我想，如果连我都能够创业成功，那我相信 80% 的年轻人创业都能成功。

> ——马云

马云出生十西子湖畔的一个普通家庭。与中国商界很多叱咤风云的人物不同，马云既没有名校背景，也没有海外留学经验。从小到大，马云所就读的学校都是三四流的，大学还考了三次才考上。由于本科班没招满人，离本科线还差 5 分的他才幸运地上了本科班。

可以说，马云大学之前的经历平凡得不能再平凡。但正是他，这个平凡的人凭着不断向前的激情和永不放弃的精神一手打造了阿里巴巴这个全球电子商务的著名品牌，改变了"全球商人做生意的方式"。

所以，马云对年轻人说："我是个很笨的人：算，算不过人家；说，说不过人家。但是我创业成功了。我想，如果连我都能够创业成功，那我相信 80% 的年轻人创业都能成功。"根据自己的创业经历和亲身体会，马云给创业者提出了以下的一些建议：

◆ 创业者首先要有梦想。

这很重要，如果没有梦想，为做而做，肯定做不好。

创业者最重要的是非常喜欢这件事情，很爱这件事情才去做，不是因为别人一句话灵机一动去做。创业者就想做好它，喜欢它，做梦也想他做的事情，再往前走可能会更好一些。

◆ **要有坚定的毅力。**

我自己每次创业都有一个美好的设想，但是往往走到那里不一定美好，你要告诉自己每天走过的路当中碰到的事情会很多。另外，所谓的毅力，你期望的最好是失败，不要寄希望于自己成功——这个可能和大家是为了结果不同。所经历的东西都不一样，想法也是不一样的。从第一天创业到现在为止，我经常提醒自己，我创业是为了经历而不是为了成功。

◆ **要准备好接受挫折和困难。**

创业很累，创业的失败率很高。创业者都是疯疯癫癫的多一点。

100 个人创业，其中 95 个人连怎么死的都不知道，没有听见声音就掉到悬崖底下；还有 4 个人是你听到一声惨叫时，他掉下去了；剩下 1 个可能不知道自己为什么还活着，但也不知道明天还活不活得下来。所以说失败是绝大部分创业者一定会碰到的问题。

◆ **要有乐观和主动的心态。**

面对各种无法控制的变化，真正的创业者必须懂得用乐观和主动的心态去拥抱。当然变化往往是痛苦的，但机会往往是在适应变化的痛苦中获得。

◆ **要学游泳请先下水。**

刚开始做互联网，能不能成功我也没信心。只是，我觉得做一件事，无论失败与成功，总要试一试，闯一闯，不行你还可以掉头；但是你如果不做，总走老路子，就永远不可能有新的发展。

◆ **一定要有一个优秀的团队。**

光靠一个人单枪匹马不行，边上都是替你打工的也不行，边上这批人也必须为了梦想和你一样疯狂热情，而且这个梦想还必须做出来。

◆ **创业没有先后。**

创业者没有先、没有后、没有大、没有小，每一个人都是在同一起跑线上。

◆ **创业一定不能浮躁。**

学校教书的 5 年，给我的好处就是知道了什么是浮躁、什么是不浮躁，知道了怎么做好点点滴滴。创业一定不能浮躁。

◆ 创业者要永远露出笑脸来。

任何一个创业者，永远要把自己的笑脸露出来。不要让你的脸看起来好像是很痛苦的样子，很难想象一个痛苦的脸可以给人带来快乐。所以快乐是需要展示出来的，你要把自己的快乐展示出来。

◆ 创业必须有商业计划和商业制度的支撑。

要真正想清楚你解决了什么问题，创造了什么独特价值。创业不能变成纯粹是慈善和宣言，它必须有商业计划和商业制度的支撑。

◆ 创业者不需要好话。

别人认为我讲话比较狠、比较钻，下笔比较锋利一点儿，因为我觉得创业者是不需要听好话的，创业者需要听真实的话，这个是我想说的。那些私下忠告我们、指出我们错误的人，才是真正的朋友。

◆ 创业者不能太在乎别人对你的看法。

我并不在乎别人怎么看我，但我在乎自己怎么看这个世界。

那时候别人都以为我是骗子。从那时候起我被许多人骂过，有人骂我是骗子，有人骂我是疯子。现在人人称我为企业家。我觉得都无所谓，我向来不管别人怎么评论我。那时候非常疯狂、非常执著。我常常对年轻人说，如果要创业，你一定要有为它献出所有的准备，哪怕别人都骂你、都嘲笑你、都以为你不对。我就是从那种阶段过来的。我甚至准备好，哪怕失败了，一无所有了，我也要坚持下去。

◆ 创业者书读得不多没关系，就怕不在社会上读书。

创业者最好的大学就是社会大学。

创业者最大的快乐就在于在创业过程中去学习，去提升。很多时候是创业者因为自己搞不清楚而去创业，当你搞清楚以后就不去创业了，所以创业者书读得不多没关系，就怕不在社会上读书。

◆ 永远激情下去。

短暂的激情是不值钱的，只有持久的激情才是值钱的，而激情不能受到伤害。

阿里巴巴是一批有激情、有理想的年轻人聚在一起，想创建一家伟大的公司而成立的。这件事从未有人做过，要逐渐地完善，需要所有人的配合。年轻的团队容易产生激情，但更容易因挫折而失去激情。在兵荒马乱时期，要长期保持激情对一支年轻的团队而言尤为艰难。但艰难时期更需要激情，从工农红军到1949年全国解放，中国共产党凭着坚强的信念和永不放弃的激情取得了成功。激情应该是永远留在心中的。短暂的激情只能带来浮躁和不切实际的期望，它不能形成巨大的能量；而永恒持久的激情才会形成互动、对撞，产生更强的激情氛围，从而造就一个团结向上、充满活力与希望的团队。

永不言败，永不放弃，不仅是对公司而言，更是对公司里的每个同事而言，也是对自己人生和职业生涯的一种态度。一个有追求的人会不断唤醒自己的激情，并用自己的激情去影响四周的人。得过且过不是阿里人崇尚的作风！

第二章

经营理念：
CEO 的主要任务是对机会说 "No"

看见 10 只兔子，你到底抓哪一只？有些人一会儿抓这只兔子，一会儿抓那只兔子，最后可能一只也抓不住。CEO 的主要任务不是寻找机会，而是对机会说 "No"。机会太多，只能抓一个，抓多了，什么都会丢掉。

为客户创造价值之后，才轮到为自己创造价值。

任何企业家不会等到环境好了以后再做工作，企业家是在现有的环境下，改善这个环境。光投诉、光抱怨有什么用呢？今天，失败只能怪你自己，要么大家都失败，现在有人成功了，而你失败了，就只能怪自己。就是一句话：哪怕你运气不好，也是你不对。

我们的"危机"是指危险之中才有机会。当所有人都在撤退，我们要像抗战胜利时一样讯速抢占地盘。在大家都觉得是一个机会的时候，我们不会去凑热闹。而越在大家都还没有开始准备，甚至避之不及的时候，往往正是最大的机会所在。

如果一个方案有 90% 的人说好的话，我一定要把它扔到垃圾桶里去。因为这么多人说好的方案，必然有很多人在做了，机会肯定不会是我们的了。

我永远相信只要永不放弃，我们还是有机会的。

今天很残酷，明天更残酷，后天很美好，但绝大部分是死在明天晚上，所以每个人不要放弃今天。

永远是在形势最好的时候改革，千万不能等到形势不好的时候改革。下雨天你要修屋顶的时候一定麻烦大了，所以要在阳光灿烂的时候借雨伞，修屋顶。

一个优秀的品牌、优秀的名字

　　我取名字叫阿里巴巴不是为了中国，而是为了全球，我做淘宝，有一天也要打向全球。我们从一开始就不仅仅是为了赚钱，而是为了创建一家全球化的，可以做102年的优秀公司。

——马云

　　从阿里巴巴创立的第一天起，马云就将公司的目标定位在一个全球化的公司上。既然要做全球化的公司，那公司的名字也应该是响亮的、国际化的。大家准备了一百多个域名，但都找不到让人特别满意的，总觉得缺少点国际化的气魄。这件事也一直在马云的脑海里盘旋。他为了想个好名字日思夜想，费了不少心思。

　　直到马云去美国出差，有一次在餐厅吃饭时，他突然想到：互联网就像一个无穷的宝藏，等待人们前去发掘，这使他立刻想到了《一千零一夜》中"阿里巴巴"的那个故事。故事中，善良正直的阿里巴巴凭着一句"芝麻开门"打开了通往财富的大门，而马云他们的宗旨也是要为商人们敲开财富的大门。想到这，马云兴奋了。

　　为了测试阿里巴巴和这个故事的知名度，马云找来了餐厅的侍应生，问他知不知道阿里巴巴这个名字。那个侍应生笑着说："Yes，Alibaba——Open Sesame!"（是的，阿里巴巴——芝麻开门！）那个侍应生不仅知道阿里巴巴，还告诉马云阿里巴巴打开宝藏的咒语是"芝麻开门"。

　　马云听后非常高兴，之后他又在各地反复地询问他人是否知道阿里巴巴的故事。几乎所有人都回答说知道，还有人告诉他："从我外婆到我儿子，他们都读阿里巴巴。我就是听我外婆讲《一千零一夜》的故事长大的，现在我每天还给我儿子讲这个故事呢！"

经过这个测试，马云发现：从美国人到印度人，他们都知道阿里巴巴和四十大盗的故事，只要懂英语，都能拼出"Alibaba"。而且，不论是什么语种，发音也近乎一致。这让马云感到非常兴奋："也就是说，如果我们用这个名字，全世界的商人都可以没有困难地接受并听懂它！"就这样，马云最终确定了将"阿里巴巴"作为公司的名字。

于是，马云兴高采烈地跑去注册域名，却被告知"阿里巴巴"已经名花有主了。这个域名已经在两年前被一个加拿大人抢先注册了。为了拿回这个名字，马云与对方谈了几个月，人家就是不愿放弃这个域名。马云还为此事专门征询了当时还在雅虎的吴炯的意见，吴炯说："你不是要办国际化的公司吗？赶快买，省得对方抬价。"听到吴炯这么说，马云果断地在双方未达成协议前，从当时捉襟见肘的 50 万人民币启动资金中拿出 1 万美元打入对方账户。

马云终于从那个加拿大人手中买回了"阿里巴巴"的域名，他说："我凭直觉认为对方会同意。"虽然代价不菲，但与全球互联网搜索巨头 Google 斥资百万赎回被别人抢注的两个 CN 域名相比，马云当初的花费还是值得的。

后来，马云在回答当时为何给网站取名阿里巴巴时，是这么说的：

"因为最早创立这家公司的时候，我们希望它能成为全世界的十大网站之一，也希望全世界只要是商人就一定要用我们。既然有这样一个想法，我们就需要有一个优秀的品牌、优秀的名字，让全世界的人都记得住。"

"让全世界的人都记得住"，这就是马云取名的学问。后来给"淘宝"取名也是这样，要的就是既好听又容易记。淘宝、淘宝，没有淘不到的宝贝。马云为淘宝这个好名字还给自己记了一功：想出这个好名字的同事，有功；孙彤宇把这个名字写在纸上没有划掉，拿来给我看，有功；马云选中了这个名字，也有功。

马云对取名其实还有着深层的目的，他说："我取名字叫阿里巴巴不是为了中国，而是为了全球，我做淘宝，有一天也要打向全球。我们从一开始就不仅仅是为了赚钱，而是为了创建一家全球化的、可以做 102 年的优秀公司。"

　　值得一提的是，将阿里巴巴域名从加拿大人手里买回来后，马云还十分细心地将 alimama.com、alibaby.com 域名也注册了下来。他想得挺远的：阿里爸爸、阿里妈妈、阿里宝贝本来就应该是一家，他们是不能分开的，要永远在一起！

CEO 的主要任务是对机会说 "No"

> 看见 10 只兔子，你到底抓哪一只？有些人一会儿抓这只兔子，一会儿抓那只兔子，最后可能一只也抓不住。CEO 的主要任务不是寻找机会，而是对机会说 "No"。机会太多，只能抓一个，抓多了，什么都会丢掉。
>
> ——马云

可能很多人认为 CEO 的主要任务是寻找机会，可马云的看法恰恰与此相反，他认为 "CEO 的主要任务不是寻找机会，而是对机会说 'No'"。

为什么这么说呢？马云打了一个比方：

"看见 10 只兔子，你到底抓哪一只？有些人一会儿抓这只兔子，一会儿抓那只兔子，最后可能一只也抓不住。所以阿里巴巴有一点不会改变，永远为商人服务，为企业服务。我们不会因为投资者而建网站，我们也不会因为媒体的批评而建网站，我们更不会因为网络评论家们说现在流行 ASP 了而改变我们的方向，我们只做 B2B。对于机会，我绝大多数时候都说 'No'。CEO 的主要任务不是寻找机会，而是对机会说 'No'。机会太多，只能抓一个。我只能抓一只兔子，抓多了，什么都会丢掉。"

正是因为马云很清楚自己的最终目标是什么，所以从踏上创业之路开始，不管潮流怎么变，不管出现多少概念、机会，马云始终坚持 "只要是商人，就一定要用阿里巴巴" 的目标，沿着电子商务的道路一直走下去，其他的机会、行业即使诱惑再大，也绝不涉足。比如那时兴起的房地产，尽管阿里巴巴的高管们在谈论到这个的时候，都忍不住说："如果我们做了房地产，那就赚大了。不过这钱，不是我们赚的。"

在阿里巴巴发展的道路上，还有很多类似的诱惑和挣钱的机会，但只要与电子商务无关，马云对它们都说了"No"。

2002年底，互联网行业开始回暖。阿里巴巴、新浪、搜狐等网络公司都相继实现赢利。当时很多人认为：阿里巴巴拥有那么多有价值的注册客户，具备了开拓任何领域的最佳条件。而阿里巴巴也确实在寻找新的机会和增长点。"那时候我们的想法是，阿里巴巴已经赢利了，而且发展趋势相当平稳，也是开始寻找新的机会和增长点的时候了。"这是阿里巴巴高层的表述。

当时，马云面前有三条路可走：赢利最好的办法第一条是投资短信，第二条是投资网络游戏，第三条是走电子商务路线。

投资游戏、短信可以迅速赢利，而电子商务可能要5年后才赚钱。是投资游戏、短信还是继续做电子商务呢？马云最终的选择是继续做电子商务。在回想当初的决策时，马云是这么说的：

"如果我们投资短信很快会赚钱，2002年、2003年短信业务拯救了中国互联网很多站点。只要投资这个就能够赚钱，但是后来我发现它不可能从根本上拯救中国互联网经济，只能够拯救一段时间。"

"我去一些门户站点做调查，你可以注册一个免费的邮箱，但我看到有一个很长的合同，在一个合同里面我看到中间很细的一条写着如果你这个免费邮箱3个月以后还将继续使用的话，那么我们将会从你这个手机号码里面扣除5块钱到8块钱。我想一般人是不会去看合同的，我不知道在座的你们会不会看每一份合同？我开始也很奇怪，为什么注册免费邮箱需要我的手机号码，我看了这个合同之后感觉到中国可能有很多很多的人，在免费注册的时候给了自己的手机号码，使得每个月都被扣5块钱到8块钱，我认为这是一种欺诈行为。随着人们对网络了解的加深，我相信不用很长时间，人们马上就能意识到这是一个骗局，所以阿里巴巴不希望通过欺诈客户的钱来让自己赚钱。所以我放弃短信。"

"不做游戏这跟我的价值观有关，阿里巴巴到现在为止在游戏上面没有投资过一分钱。那是两年前我妹夫跟我说的一件事情，改变了我对游戏的看法。我妹夫一天早上跟我说："我昨天跟你妹妹玩游戏玩到第二天早上3点半，你妹妹去上厕所的时候我又偷偷地玩了半个小时。"我被他吓了一跳，我妹夫是一个很能干的小企业家，这么一个成年人并且是一个很精明的人，竟然玩到凌晨3点半甚至没有一点儿自控能力。想想我们的孩子会怎么样？我不希望我儿子玩游戏，如果中国孩子都玩游戏，中国就没有前途可言了。而且通过分析，我发现在全世界时间不值钱的国家里游戏是最畅销的。你会发现全世界最先进的游戏国家是哪些？美国、韩国、日本。但是这些国家永远不会鼓励自己的老百姓玩游戏，它用来出口。有一天我们的领导突然会醒悟过来问我们的孩子在干什么？如果在玩游戏的话，一定要对它进行限制，因为游戏不能改变中国的现状。所以我说不做游戏，饿死也不做游戏。"

在短信、游戏和电子商务三者中，马云还是最看好电子商务的前景。所以，"我们还是坚定不移地做电子商务，尽管我们知道电子商务也许3年，也许4年5年都挣不到钱，但我们坚信8年10年一定能够挣到钱。"

今天，阿里巴巴已经成为全球电子商务的著名品牌。在电子商务领域，它将对手远远地抛在了后面，马云更是宣称："拿着望远镜也找不到对手。"这一切都是阿里巴巴对其他机会、诱惑说"No"，坚定不移地走电子商务道路的结果。

"我们第一天集中在B2B，今天还是如此。不管外面的潮流怎么变，我们学习，但是不跟随、不拷贝。后来各种概念更多，阿里巴巴也面临很大的压力，也有很多其他的机会，在这1年半时间内我们面对机会斩钉截铁地说了无数次的'No'。我们朝着既定的方向往前走，不管外面怎么千变万化，我们还是不受干扰，走自己的路，用心去做。"

永不放弃，机会总会有的

　　我永远相信只要永不放弃，我们还是有机会的。

　　今天很残酷，明天更残酷，后天很美好，但绝大部分是死在明天晚上，所以每个人不要放弃今天。

——马云

　　由于卓越的事业和突出的才能，早在 2004 年马云就当选为 CCTV 年度十大经济人物之一。在颁奖现场，马云对大家说：

　　"感谢 CCTV，也感谢所有的评委，我的客户，还有我的同事，是大家把我的梦想变成现实。5 年前也是这个时候，在长城上我跟我的同事们想创办全世界最伟大的中文网络公司，我们希望全世界只要是商人就一定要用我们的网络，当时这个想法，被很多人认为是疯子的想法。这 5 年里很多人认为我是疯子，不管别人怎么说，我从来没有改变过一个中国人想创办全世界最伟大公司的梦想。"

　　"1999 年的时候，我们提出要活 80 年，在互联网最痛苦的时候——2001 年、2002 年，我们在公司里面讲的最多的词就是'活着'。如果全部的互联网公司都死了，只要我们还跪着，我们就是赢的。我永远相信只要永不放弃，我们还是有机会。"

　　"最后，我们还坚信一点，这世界上只要有梦想，只要不断努力，只要不断学习，不管你长得如何，不管是这样，还是那样，你都有可能成功。男人的长相往往和他的才华成反比。今天很残酷，明天更残酷，后天很美好，但绝大部分是死在明天晚上，所以每个人不要放弃今天。谢谢大家！"

　　马云认为"永不放弃"是自己取得成功的重要原因，在他看来，"有时候死扛下去总是会有机会的。"华为总裁任正非也说："什么叫成功？经九死一生还能好好地活着，这就是真正的成功！"

创业的道路从来都是艰辛的，创业者既然选择了创业，就必须一直坚持下去。因为创业者是没有退路的，最大的失败就是放弃。马云说："我认为要成功的话，永不放弃的精神是非常重要的，这对于每个创业者都非常重要。"

马云的创业人生就是"永不放弃"的最好体现。从他 1995 年辞去大学教师的职位下海创办"中国黄页"到后来被迫离开"黄页"创办阿里巴巴，再到阿里巴巴取得今天的辉煌成就，这一路上马云遭遇的挫折、困难是难以计数的，但马云凭着"永不放弃"的精神坚持了下来。

早在 1999 年 3 月阿里巴巴刚成立的时候，马云就说："即使是泰森把我打倒，只要我不死，我就会跳起来继续战斗！"

到 2002 年互联网"最寒冷的冬天"，马云对阿里巴巴员工说的是"跪着过冬"，坚持下去，等待"春天"的到来。"中国网站 6 个月之内有 80% 会死掉，就像新经济，有 70% 的想法要扔掉，只有 30% 能实现下去。这时你跟竞争者拼谁能活着，谁能专注。不管多苦多累，哪怕是半跪在地下也得跪在那儿。"跪着过冬"，就算你跪不住了也得跪着，不要躺下，不要倒，坚持到底就是胜利。如果所有的网站公司都要死的话，我希望我们是最后一个死。这是场 3000 米的长跑，不是 100 米的短跑，所以我说，需要有兔子一样的速度，有乌龟一样的耐力。我们要学会半跪生存。"

最终，阿里巴巴不仅奇迹般地熬过冬天，活了下来，还实现了赢利。对此，马云说："很多人比我们聪明，很多人比我们努力，为什么我们成功了？难道是我们拥有了财富，而别人没有？当然不是，一个重要的原因是我们坚持下来了。"

其实放弃是很容易的，难的是坚持下去。坚持还是放弃，这一念之差的结果却是成功与失败最大的区别。"网络人最重要的是不能放弃，放弃才是最大的失败。放弃是很容易的，但从挫折中站起来是要花很大力气的。结束，一份声明就可以，但要把公司救起来，从小做大，要花很多代价！英雄在失败中体现，真正的将军在撤退中出现。"

　　对这些年创业道路上的困难、挫折，马云说："这些事太多太多。每次打击，只要你扛过来了，就会变得更加坚强。我又想，通常期望越高，结果失望越大，所以我总是想明天肯定会倒霉，一定会有更倒霉的事情发生，那么明天真的有打击来了，我就不会害怕了。你除了重重地打击我，又能怎样？来吧，我都扛得住。抗打击能力强了，真正的信心也就有了。"

　　"所以我现在最欣赏两句话，一句是丘吉尔先生对遭受重创的英国公众讲的话：'Never never never give up！'（永不放弃！），另一句就是：'满怀信心地上路，远胜过到达目的地。'"

将灾难消灭在摇篮之中

> 一个公司在两种情况下最容易犯错误，第一是有太多的钱的时候，第二是面对太多的机会。一个 CEO 看到的不应该是机会，因为机会无处不在，一个 CEO 更应该看到灾难，并把灾难消灭在摇篮里。
>
> ——马云

2005 年 8 月 11 日，马云给阿里巴巴全体员工写了一封信，信中写道：

我很高兴向大家宣布这个好消息，北京时间 2005 年 8 月 11 日，我们与雅虎达成协议，结成战略联盟关系，我们全面并购雅虎中国的资产，同时得到雅虎 10 亿美元的投资。

我们并购的雅虎中国资产包括雅虎中国门户网站、3721、一搜、雅虎的搜索技术、通讯、广告业务，还将"一拍在线"拍卖业务中雅虎的所有部分并入阿里巴巴。阿里巴巴公司还将获得领先全球的互联网品牌"雅虎"在中国的无限期独家使用权。

雅虎出资 10 亿美元成为阿里巴巴公司的股东之一。我们将因此享有雅虎公司的所有核心技术平台、丰富的内容资讯以及其遍布全球的渠道资源在中国的独家使用权。雅虎将以全球网络为中国企业出口提供全面的支持。

这是中国互联网史上最大的并购行动，我们同时得到雅虎的"五朵金花"：雅虎中国的资产、雅虎的品牌、资金、技术和海内外渠道，加上我们 6 年运营形成的电子商务市场平台、诚信体系和安全支付机制，我们将打造全球最为完整、功能最为强大的电子商务体系——电子商务的四大护法：市场、诚信、支付和搜索。

在成功并购雅虎中国后，马云对雅虎中国的业务进行了整合，开始强攻搜索。

马云宣布：

"未来2到3年内，我们将动用所有资源全力发展搜索业务。我们已经赢得了与易趣的竞争，收购了雅虎中国的业务，我们下一步的目标是阻击Google。"

"在网络搜索领域，Google是非常强劲的竞争对手，但它在中国还不够强大。"

马云为什么要并购雅虎中国，进军搜索领域呢？用马云自己的话来回答就是："我们进军搜索不是因为现在搜索很热门，而是因为电子商务的发展实在绕不开搜索这道坎。"曾经有人这样形容搜索对电子商务的重要性："对于电子商务来说，占领大型门户网站仅仅相当于封锁购物街上大的店面而已，而占领搜索则等于完全封锁整条购物街。"

马云知道搜索是阿里巴巴的软肋，但是电子商务又离不开搜索。另一方面，Google在美国的异军突起，也使马云注意到来自Google的威胁。

"我们调查发现，eBay在美国越来越发现自己处于一种尴尬境地。eBay的卖家很多，但钱都花哪儿去了呢？结果发现钱都投到Google上去了。这些企业不光将广告投到Google上去了，还将店也开到Google上去了。用Google一搜索，全是eBay卖家们开的店。从某种意义上说，Google也是电子商务。"

阿里巴巴前CTO吴炯也分析说："美国eBay是Google最大的广告客户，Google为eBay带来了相当大比例的客户流量，所以电子商务和搜索引擎的结合已经是必然的趋势。GoogleBase的推出相信会让eBay吓出一身冷汗，因为如果Google决定做电子商务的话，eBay会遭受沉重的打击。"

尽管Google式的电子商务在中国还没有出现，但三五年后肯定会出现。因此，马云现在就必须采取措施来应对威胁，将灾难消灭在摇篮之中。

正好此时雅虎董事长杨致远也决定在中国市场大举反击Google，于是就发生了开头阿里巴巴收购雅虎中国的一幕。

让我们来看看双方当事人对雅虎和阿里巴巴的合作是怎么说的。

杨致远："我们选择的都是优秀团队。我们知道雅虎是日本最大的拍卖、搜索网站。虽然雅虎中国只有八九年的历史，但在很多方面有大量新开发。但是能够真正把握这个市场上的潜力机会，还需要有当地优秀的团队跟我们做跨国公司的资源、品牌，互相帮助、互相依靠。我想我们是互相需要的，这种方式能够帮助我们在中国成功，就像在日本成功一样，这也是吸引我们做这件事情的初衷。"

马云："我查过 eBay 每年有 30% ~ 40% 的收入是用来交给 Google 和雅虎的搜索引擎的。所以 eBay 如果把百度买去就会使我心里很乱，我不想将 40% 的钱花在搜索引擎上，在这个时候我认识了雅虎，雅虎也找到了我，我们就自然地走到一起了。就跟淘宝一样，刚开始做这件事情的时候，我的投资人孙正义给我打的电话，有时候是追 1 年 2 年追不到，一个电话就联系上了，我追杨致远 7 年了还在追啊！"

马云认为，对一个公司的 CEO 来说，更重要的不是看到机会，而是看到灾难，并把灾难消灭在摇篮里。当然，这并不容易，马云为此经常睡不着觉。

"我睡不着觉的时候多着呢！因为作为领导者，CEO 不只是给大家指明未来一个灿烂的前景，你要做的事情是要发现在这个灿烂前景的路程中很多很多的灾难，你必须把这些灾难消灭在摇篮之中，而且你每天还要考虑的就是什么是下一个灾难，什么东西可能会癌变，你必须今天就动手。有些东西是不会出问题的，你应该让它慢慢走。"

"所以，作为 CEO，你必须是看到灾难，同时还要把灾难处理掉。但是在灾难处理掉的时候，你并没有成就感。很多人很有成就感，天天很忙，忙着拔草，可是天天又有杂草出来的时候，那你应该考虑的就不是拔草，而是用除草剂把土地改善一下。"

永远是在形势最好的时候改革

　　我们先比别人判断到了冬天的到来。永远是在形势最好的时候改革，千万不能等到形势不好的时候改革。下雨天你要修屋顶的时候一定麻烦大了，所以要在阳光灿烂的时候借雨伞，修屋顶。

——马云

　　优秀的企业领导人都有着高度敏锐的危机意识。例如，比尔·盖茨经常告诫自己："微软距离破产只有 18 个月"；张瑞敏形容自己每天的心情则是："战战兢兢，如履薄冰"。马云也不例外，他始终有一种危机意识，这使得马云总是在危机到来之前就采取行动。

　　2000 年 9 月 11 日，"西湖论剑"刚刚结束，马云就宣布阿里巴巴进入高度危机状态。他已经感觉到了互联网的泡沫时期即将结束，"冬天"快要来临了。

　　"比起 2001 年，我们在 2000 年运气比较好一点，我们突然感觉到全中国都在做互联网，那时候在中国一个月至少诞生 1000 家互联网公司，我就觉得不对，好像炒股票一样，我不相信中国具备一个月诞生 1000 家互联网公司这样的能力。什么时候中国有一个月诞生 1000 家互联网公司的时候，也一定有一天会出现一个月关闭 1000 家互联网公司的情况。"

　　对阿里巴巴当时施行的全球战略，马云描述说：

　　"我们是立足于当地制胜的全球眼光，我们的拳头打到这个位置，再打下去已经没有力量了，就迅速收回来，回来后在当地制胜，形成文化，形成自己的势力再打出去。如果不在中国制胜的话，我们会漂在海外。我们要防止的对手在全球，而非中国内地。在中国，互联网真正要赚大钱还要有二三年时间，这二三年内挣的钱只能让你活得好一点，但活得很舒服、很富有是不可能的。现在我们不可以在中国内地以外的地方养一支 300 ~ 500 人的队伍，成本太高了，收入与支出不成正比。在香港和台湾也都不行，只有在中国内地才行，而且可以不断地发展壮大起来。"

因此，马云迅速做出了决定，公司实施战略收缩，启动 B2C 计划，即 Back to China(回到中国)、Back to Coast(回到沿海) 和 Back to Center(回到中心城市)。同时进行全球大裁员，关掉了很多办事处。

几个月后，美国纳斯达克股市即告崩盘，大批网络公司相继倒下。马云提出"跪着过冬"的口号，号召员工坚持下去。由于马云提早行动，阿里巴巴最终坚持了下来，熬过了互联网的"冬天"。现在回头去看，马云还心有余悸，幸运的是他提前了半年行动，否则阿里巴巴就熬不过那个"冬天"了。

所以，马云告诫人们："要在形势最好的时候改革，千万不能等到形势不好的时候改革。下雨天你要修屋顶的时候一定麻烦大了，所以要在阳光灿烂的时候借雨伞，修屋顶。"

"任何时候，当你发现一片繁荣的时候，请记住背后的灾难很快就会来了。全世界的调查证明 85％ 的企业倒闭都是在前一年形势特别好，特别是整个市场形势很好或者这个企业特别好的时候，第二年公司突然倒闭。"

2005 年，阿里巴巴收购了雅虎中国，成为了中国互联网史上最大的并购案。马云丝毫没有被成功冲昏头脑，相反，他更加警惕了。

"今天是大家都好了，我反而更加警惕，都好了不等于我们会好；在以前'冬天'的时候大家都不好，不等于我们不好。其实阿里巴巴现在经营地一直不错，应该说今年的利润会在一个亿以上，所以整个公司已经开始慢慢地进入一个比较好的状况。"

第三章

企业管理：
三流的点子加上一流的执行水平

三流的点子加上一流的执行水平，
要比一流的点子加上三流的执行水平
更重要。

小企业要有大的胸怀，大企业要讲细节的东西。

阿里巴巴不是计划出来的，而是"现在、立刻、马上"干出来的。

判断一个人、一个公司是不是优秀，不要看他是不是 Harvard（哈佛）、是不是 Stanford（斯坦福）毕业的，也不要看里面有多少名牌大学毕业生，而要看这帮人干活是不是像发疯一样干，看他们每天下班是不是笑眯眯回家。

面对各种无法控制的变化，真正的创业者必须懂得用乐观和主动的心态去拥抱变化！当然变化往往是痛苦的，但机会往往在适应变化的痛苦中获得！

一个 CEO 最后要取得的决定权不是人，而是他讲的理念思想、战略战术是不是确实有理。所有人都觉得你说得有理，他们就会跟着你。我不希望我手下的所有同事是奴隶：因为我控制了 51% 以上的股权，所以你们都得听我的。这没有意义。

我最喜欢猪八戒的幽默，他是取经团队的润滑剂，西天取经再苦再累，一笑也就过了。我们公司的 Logo 就是一个笑脸。

一流的执行更重要

> 孙正义跟我有同一个观点：三流的点子加上一流的执行水平，要比一流的点子加上三流的执行水平更重要。
>
> ——马云

可能很多企业更喜欢强调创意和战略，忽视了日积月累的执行。可是再完美的决策方案，如果得不到严格的执行，也只是一场空。企业要发展，要走在行业的前端，除了要有好的决策班子、好的发展战略、好的管理体制外，更重要的是要有一流的执行力。海信集团总裁周厚健就说："执行力低下是企业管理中最大的黑洞。"

马云也认为执行力相比创意来说更为重要。他说："孙正义跟我有同一个观点：三流的点子加上一流的执行水平，要比一流的点子加上三流的执行水平更重要。"

阿里巴巴就是"一支执行队伍而非想法队伍"。它的成功，依赖的是高效率的执行力。马云说："阿里巴巴不是计划出来的，而是'现在、立刻、马上'干出来的。"

1999 年阿里巴巴刚成立的时候，按照马云的想法，阿里巴巴应由网上论坛 BBS 按行业分类发展而来。这个想法还是马云在离开北京之前那次登长城的时候发现的。

"我们在长城上发现一件很有意思的事情，每块砖头上都写着'张三王五到此一游''李四到此留念'，这是中国最早的 BBS。中国人很喜欢 BBS，我们不懂技术的人，用起来最方便、最能接受的方式就是 BBS，所以开始从 BBS 入手。

阿里巴巴实际上最早就是一个BBS，把每个人想买想卖的东西放在上面。做BBS
又要创新，我当时跟我们的技术人员讲每一条贴上去之前都要检查、分类，他们
认为这个好像违背了互联网精神。互联网精神就是你应该是彻底自由的，爱贴什
么贴什么。我觉得不应该爱贴什么贴什么，你必须创新，每一条贴上去之前都要
检查，分类。"

其他团队成员也不同意马云的做法，他们觉得这种简单到丑陋的设计方案太
不合主流了。不过马云还是坚持自己的想法：阿里巴巴用户都是不怎么会上网的
商人，甚至很多人对电脑一窍不通，所以网站一定要简单，花里胡哨反而会适得
其反。

当时，马云在外地通过电子邮件要求技术人员立即完成这一程序，他们还是
不同意。马云发怒了，抓起长途电话，尖声大叫："你们立刻、现在、马上去做！
立刻！现在！马上！"

尽管意见相左，但由于马云的坚持，团队成员最后还是接受了这个方案。确
定了方向就去做，很快，阿里巴巴就按照马云的构想建立起来了。后来，马云对
人讲起这件事时说："我当时真想立马飞回去，猛拍他们脑袋！"

正是由于阿里巴巴高效的执行力，它才能一步步走到现在，取得今天的成功。
马云不止一次强调："有时去执行一个错误的决定都比优柔寡断或者没有决定要
好得多。因为在执行过程中你可以有更多的时间和机会去发现并改正错误。"

看来，一流的点子加上三流的执行水平，与三流的点子加上一流的执行水平，
还是后者更为重要。

上班像疯子，下班笑眯眯

判断一个人、一个公司是不是优秀，不要看他是不是 Harvard（哈佛）、是不是 Stanford（斯坦福）毕业的，也不要看里面有多少名牌大学毕业生，而要看这帮人干活是不是像发疯一样干，看他每天下班是不是笑眯眯回家。

——马云

对马云来说，"判断一个人、一个公司是不是优秀，不要看他是不是 Harvard（哈佛）、是不是 Stanford（斯坦福）毕业的，也不要看里面有多少名牌大学毕业生，而要看这帮人干活是不是像发疯一样干，看他每天下班是不是笑眯眯回家。"

"没有笑脸的公司其实是很痛苦的公司"，只有做到让员工努力干活、快乐工作的公司才是一家好公司。因为只有让员工感受到工作的乐趣，他们才能更好地服务客户。马云说："我认为，员工第一，客户第二。没有员工，就没有这个网站。也只有他们开心了，我们的客户才会开心。而客户们那些鼓励的言语，又会让他们像发疯一样去工作，这也使得我们的网站不断地发展。"

那么，怎样才能让员工感受到工作的乐趣，做到上班像疯子，下班笑眯眯呢？

首先，马云认为一个领导者要将快乐展示出来："快乐不是一个概念，概念永远不是一个企业的核心竞争力。任何一个创业者，永远要把自己的笑脸露出来，如果你的脸看起来很痛苦，那么就不可能给别人带来快乐，所以快乐是需要展示出来的。"

其次，要注意控制压力的范围。"压力是自己的，不应传给员工。"马云说，"我最喜欢猪八戒的幽默，他是取经团队的润滑剂，西天取经再苦再累，一笑也就过了。我们公司的 Logo 就是一个笑脸。"

当然，还有一个很重要的方面就是：员工工作的目的不仅仅是一份满意的薪水和一个好的工作环境，还包括在工作中取得的成就感以及能在企业中快乐地成长。

马云曾不止一次强调，阿里巴巴最大的财富就是阿里人。"让员工快乐工作是好雇主应该做的事情。在阿里巴巴，员工可以穿旱冰鞋上班，也可以随时来我办公室，总之一定要让员工'爽'。"

马云一直是个幽默乐观的人，他很会制造气氛来逗员工开心。2005 年 9 月在阿里巴巴与雅虎中国的杭州大联欢晚会上，马云就把自己打扮成维吾尔族姑娘，戴着面纱，穿着民族服装，跳起了新疆舞。这让雅虎的员工感受到在阿里巴巴工作的快乐。另外，马云还鼓励员工发展各种兴趣爱好。阿里巴巴员工自发组织了各种兴趣小组，活动费用由公司承担。

阿里巴巴就是这么一个能让员工努力干活同时快乐工作的公司。曾任阿里巴巴集团资深副总裁的卫哲，回忆他第一次踏入阿里巴巴时的情景说："这恐怕是中国笑脸最多的一个公司，而且执行力超强，但我也不知道为什么。"

正是阿里巴巴这种快乐工作的氛围，使其员工对公司有着少见的忠诚、幸福感和向心力。连续数年，阿里巴巴的跳槽率远低于一般企业的人才流动率。要知道，能否留住人才，是企业能否迅速发展的一个重要因素。

阿里巴巴快乐工作的理念赢得了人们的赞同。在阿里巴巴当选为"2005 年 CCTV 中国年度十大雇主公司"之一时，马云说："我是'2004 年度中国经济十大人物'之一，我们今年再次被'中国十大雇主公司'提名……我希望在三五年之内成为'全球十大雇主公司'之一，我希望在 5 年内成为年轻人最希望加入的公司。今年获得这个奖的提名让我无比高兴，我 2 年前提出这个目标的时候感觉路还很长，所以说只要你提出了目标并付出了努力，还是有机会的。"

唯一不变的是变化

　　面对各种无法控制的变化，真正的创业者必须懂得用乐观和主动的心态去拥抱变化！当然变化往往是痛苦的，但机会往往在适应变化的痛苦中获得！

——马云

　　"拥抱变化"是阿里巴巴"六脉神剑"中非常重要的一条价值观。

　　关于"拥抱变化"，阿里巴巴的阐述是：突破自我，迎接变化。对于本行业的特点有深刻的认识，坚信变化是我们的日常生活；对于公司的变化，认真思考，充分理解，积极接受并影响和带动同事；对于变化对个人产生的影响，理性对待，充分沟通，诚意配合；在工作中善于自我调整，具备前瞻意识，建立新方法、新思路；面对变化后产生的挫折和失败，能够重新调整，以更积极的心态投入到改进中。

　　"我们认为，除了我们的梦想之外，唯一不变的是变化！这是个高速变化的世界，我们的产业在变，我们的环境在变，我们自己在变，我们的对手也在变……我们周围的一切全在变化之中！"

　　"面对各种无法控制的变化，真正的创业者必须懂得用乐观和主动的心态去拥抱变化！当然变化往往是痛苦的，但机会往往在适应变化的痛苦中获得！"

　　"我们阿里巴巴在过去的7年和我本人近10年的创业经验告诉我，懂得去了解变化，适应变化的人很容易成功。而真正的高手还在于制造变化，在变化来临之前变化自己！"

　　"任何抵触、抱怨和对抗变化的不理性行为全是不成熟的表现，很多时候还会付出很大的代价。因为你不动，别人在动。这世界上成功的人是少数，而这些人一定是能够在别人看来是危险、是灾难、是陷阱、是……的变化中冷静地找到机会。所谓危机，危险之中才有机会！"

"阿里巴巴几乎每天要面对各种各样的挑战和变化，我以前总是强迫自己去笑着面对并立刻准备调整适应（当然很多时候也一定会骂骂咧咧的）。而今天，我们不仅会乐观地应对一切变化，而且还懂得了在事情变坏之前自己制造变化！拿最近的热门话题雅虎和易贝在美国的合作来说，正是因为看到了未来全球互联网的竞争格局和如何让用户及企业利益最大化，我本人也积极地倡导和参与推进了这次合作。"

"商场不是战场！商场上是对手不是敌人！商场上没有永久的对手也没有永久的朋友。竞争走向合作才是产业走向成熟的表现，只有一个成熟的产业才能诞生一批成熟的企业。阿里巴巴有责任推进这样的进程。绝不像外面的专家们说得那样，我们目前处于被动局面。我希望在未来的中国互联网发展中，我们也能参与到这样的竞争和合作中去。"

"我在上次和大家的交流中说过，人要成功一定要有永不放弃的精神。人生最大的失败就是放弃，绝大多数人就是在变化中放弃的，其实非常地可惜和遗憾！"

马云就是一个善于拥抱变化，很会创新的人。一位阿里巴巴的高层说马云"确实是一个喜欢变化的人。如果半年之内这家公司没什么变化，他会觉得不对劲，一定有什么地方需要做点调整了。"

正是马云抱着"唯一不变的是变化"的理念，他才能敏锐地看到变化，抢在变化之前行动，引领着阿里巴巴在电子商务的道路上一步步向前走。

经历了2000年互联网的"寒冬"，在2001年第二届"西湖论剑"上，马云总结了互联网最大的特征，那就是变化。"我觉得变化是必然的，互联网最大的特征就是变化。阿里巴巴就处在不断变化之中。去年我们总结走过的两三年，犯了很多错误，有些是刻骨铭心的。去年我想，阿里巴巴要练招练剑，才能躲过（互联网严冬）。现在要考虑如何练阵了。新经济的好处在新，坏处也在新。我觉得最早阿里巴巴是梁山好汉 108 将，而且非常骄傲。现在要把游击队变成正规军，阵法比招法更重要。感谢互联网低潮，使我们思考，刚好给了我们组织阵法的最好时间，3 年的低迷，让我们做没有做好的事情。"

及早感觉到变化，抢在变化之前先变，而不是等问题出现后再去想办法解决。这是阿里巴巴保持变革能力的关键。

"我们在不断的变化中求生存，在不断的变化中求发展。如果发现公司没有变化，那么公司一定有压力，所以我希望告诉你们每一个人，看看你自己的成长，是否带来了变化，Transformation 也就是变化。我们网站的 Traffic，我们的 Revenue，各方面是不是有变化，我们的服务策略是不是有变化。我们要不断地去适应这种变化，如果你觉得昨天赢了东西你今天还希望这样赢，很难了。一定要创新，变化中才能出创新，所以要学会在变化中求生存。"

不靠控股来管理

CEO不要靠股份控制公司，而是要靠智慧、胆略和坦诚来经营公司。靠控股就会弄得别人给你当奴隶，反正你是老板，怎么说都可以。我从第一天就没有控股过。我对我的同事说，我今天不是你们的老板，而是你们的CEO，我不付你们工资，工资是你们自己挣的。我不希望你们爱我，只希望你们尊重我。

——马云

马云认为，"领导一家公司不是靠股份和权力，而是靠智慧、胆略和坦诚"。从第一天起，马云就没想过要控股阿里巴巴。所以在当初创业的时候，马云采用集资的方式，将阿里巴巴的股份分给团队的每个成员。

"1999年2月21号，在杭州我们开了一次非常重要的会议，这次会议到今天还影响着阿里巴巴。当时18个创业人参加这次会议。我们提出'东方的智慧，西方的运作，全世界的大市场'的目标，我们要创建中国人感到骄傲的公司，能够持续发展80年（后来改为102年）的公司，只要是商人就一定要用阿里巴巴。别人不会理解，我们暂时不对别人讲，我们也不见任何媒体。总而言之一点，认真踏实地创建一个公司。"

在这次会议上，大家把口袋里的钱放在桌子上，凑了50万元。当时马云说："启动资金必须是pocket money（闲钱），不许向家人朋友借钱，因为失败的可能性极大。我们必须准备好接受'最倒霉的事情'。但是，即使是泰森把我打倒，只要我不死，我就会跳起来继续战斗！"

这次集资的意义决定了阿里巴巴的性质是合伙人的股份制公司，马云并不控股。他说："从第一天开始，我就没想过用控股的方式控制公司，也不想自己一个人去控制别人，这个公司需要把股权分散，这样，其他股东和员工才更有信心和干劲。"

在马云看来，"一个CEO最后要取得的决定权不是人，而是他讲的理念思想、战略战术是不是确实有理。所有人都觉得你说得有理，他们就会跟着你。我不希望我手下的所有同事是奴隶：因为我控制了51％以上的股权，所以你们都得听我的。这没有意义。"

"就我手中的股份，我是不足以驾驭公司的，因为我并没有控股，我拥有的股份也只有10％左右。"

虽然马云并没有控股阿里巴巴，不过，马云在阿里巴巴拥有绝对的话语权。神州数码CEO郭为说："马云在阿里巴巴的影响，无论是在员工还是在股东那里都不是因为股权而是他的领导力。"

是的，优秀的企业家从来不依靠控股来管理公司。我们可以看到，比尔·盖茨在微软的持股约为4％；任正非在华为的持股只有1.4％；柳传志在联想集团持股仅3.4％。尽管他们持股不多，但都是各自公司的核心，是灵魂人物。他们管理公司靠的是智慧、眼光和领导力。

"在管理公司的过程中，要想真正领导这个团队就必须要有独到的眼光，必须比别人看得远、胸怀比别人大。所以我花好多时间参加各种论坛，全世界奔跑，看硅谷的变化、看欧洲的变化、看日本的变化，看竞争者、看投资者、看客户。"马云如是说。

马云自己不控股，他也不允许任何一个股东或者任何一方投资者控股阿里巴巴。在阿里巴巴获得软银公司2000万美元的风险投资后，马云和他的团队仍处于控股地位。马云认为："我不去控股别人，也不希望别人控股我。不管是谁想要控股50％，我是一定不同意的。他可以控股49％，但不能控股51％。"

竞争战略：
光脚的永远不怕穿鞋的

我既要扔鞭炮，又要扔炸弹。扔鞭炮是为了吸引别人的注意，迷惑敌人，扔炸弹才是我真正的目的。不过，我可不会告诉你我什么时候扔鞭炮，什么时候扔炸弹。游戏就是要虚虚实实，这样才开心。如果你在游戏中感到很痛苦，那说明你的玩法选错了。

如果早起的那只鸟没有吃到虫子，那就会被别的鸟吃掉。

网络上面有一句话：光脚的永远不怕穿鞋的。

我一直认为竞争是一个甜点，你不能把竞争当主菜去做。往往是竞争越多，你的市场可以做得越大。

我就是拿着望远镜也找不到对手。最大的对手是自己，对手是在你心里。你要去找对手，没法找。

真正的对手，就是当你看见他时，后背的汗毛都会竖起来。eBay 就是这么一个让人肃然起敬的对手。我进入 C2C，是为了防止它杀入中国的时候我没有防御能力。

我从来不看对手在做什么，但是我关心对手将来会做什么。看准了对手要走的方向，想办法抢到他的前面。等对手低着头走到他的目标的时候，抬头一看，原来阿里巴巴早就在路边等着他了。

少做就是多做，不要贪多，做精做透很重要。碰到一个强大的对手或者榜样的时候，你应该做的不是去挑战它，而是去弥补它，做它做不到的，去服务好它，先求生存，再求战略，这是所有商家的基本规律。

进攻是最好的防守

> 我从来不看对手在做什么，但是我关心对手将来会做什么。看准了对手要走的方向，想办法抢到他的前面。等对手低着头走到他的目标的时候，抬头一看，原来阿里巴巴早就在路边等着他了。
>
> ——马云

在电子商务领域，阿里巴巴和 eBay 本来一个是 B2B 的老大，一个是 C2C 的龙头，两者井水不犯河水。可是在 2002 年底的时候，马云发现 C2C 网站上出现了数量不少的大宗交易。这突然触动了马云的神经，他想到："电子商务是没有边界的，什么 B2B、B2C、C2C，都是人为制造的界限，个人对个人的交易做大了，就是企业对企业的交易；企业对企业的交易量比较小的时候，也一样可以看作是个人行为。如果说这个人为的界限现在还存在的话，那么我敢断言，五年十年以后，绝对不会再有。"

意识到这点后，马云感觉到了危机的存在，他发现"eBay 和我们是一样的"，也就是说，"用 eBay 的平台来做 B2B，只是时间问题"。与此同时，互联网圈内流传着 eBay 要全资收购易趣的传言，这更触动了马云绷紧的弦。

eBay 和易趣的举动已经威胁到阿里巴巴。马云不得不考虑 eBay 来了之后怎么办的问题。在防范 eBay 的战略中，马云使出了进攻这一招。2003 年 5 月，马云突然推出 C2C 网站淘宝，抢在了 eBay 之前进入 C2C 市场。马云说："我别无选择。我发现那个时候我要开始准备防御了，而最好的防御就是进攻，所以我一定要做这件事。"

"如果我不采取任何行动，三五年之后等到 eBay 进入 B2B 市场，它的钱比我们多，资源比我们多，全球品牌比我们强，到那个时候对阿里巴巴来说，就是一场灾难。当时的情况就有些像这样，我们拿起望远镜一看，看到有一个兄弟，长得和我一模一样，块头还要大很多，吓了一跳，可是对方却根本不知道我的存在。当时在 eBay 眼里，我们根本就什么都不是。我觉得，这可以让我们占一个先手，eBay 的漠视对我们来说是一个最好的机会。"

2003 年 6 月 12 日，eBay 正式宣布向易趣追加 1.5 亿美元的投资收购易趣余下的 67% 的股份。易趣和 eBay 的强强联手给刚刚推出的淘宝一种无比巨大的压力。这也是为什么淘宝一直秘密行动，甚至在网站已经上线的时候还宣称自己是个人网站。在 eBay 如此强大的竞争对手面前，马云每一步都走得小心翼翼，避免在淘宝刚面世的时候就遭到 eBay 的封杀。

随着淘宝公开与阿里巴巴的关系，淘宝与 eBay 的战争也拉开了序幕。这是一场激烈的战争，淘宝一面世，eBay 就对它进行了"全方位的封杀"。eBay 女掌门梅格·惠特曼说："它最多只能存活 18 个月。"马云也并不示弱，他杀气腾腾地说："聚这么多现金，我们是用来准备打仗的。"

面对 eBay 对淘宝的全面封杀，马云采取了"农村包围城市""麻雀战"等战术，依托本土化的优势，几个回合后就占据了上风。2006 年 9 月 21 日，吴世雄辞去 eBay- 易趣的 CEO 职务。同年 12 月 20 日，惠特曼宣布 eBay 中国和 TOM 在线合资成立新公司。至此，淘宝打败了 eBay，成为中国 C2C 领域的老大，创造了中国互联网的奇迹。

"进攻是最好的防守"，马云这种高明的竞争策略令人佩服。他说："我从来不看对手在做什么，但是我关心对手将来会做什么。看准了对手要走的方向，想办法抢到他的前面。等对手低着头走到他的目标的时候，抬头一看，原来阿里巴巴早就在路边等着他了。"所以，马云的工作更多的是在"看未来的战略在哪里"。

在对手看不到的地方行动

> 我们与竞争对手最大的区别就是我们知道他们要做什么，而他们不知道我们想做什么。我们想做什么，没有必要让所有人知道。
>
> ——马云

2002 年，eBay 以 3000 万美元的价格收购了易趣 33％ 的股份，开始了对中国市场的尝试。"这引起了他（马云）的高度重视。因为在我们的观念里，本来电子商务就不存在一个人为制造的 B2B 和 C2C 的明确界限，个人对个人的交易做大了实质上与企业对企业的交易并无区别。"阿里巴巴的一位高管说道。

为此，马云决定提前开始做一个 C2C 网站，要抢在 eBay 之前进入 C2C 市场。"打架就得在别人家里打，打不打得赢没有关系，至少能把别人的家里打得乱七八糟，把家具都给砸烂了；打得赢当然更好，那 eBay 在中国市场上就难以壮大。"马云这样描述当初创建 C2C 网站淘宝时的策略。

面对强大的竞争对手，马云对淘宝采取了秘密行动的策略，避免在这个 C2C 网站还未出生以前就受到 eBay 的打击。当时，保密是马云对淘宝网站制作核心队伍下的死命令。

"在进入淘宝的时候，我们组建了 7 个人。我们是怎么建的？我们把公司的高层都叫来坐在那边，我们挑选了几个年轻人，跟他们说，你今天不是这儿的员工了，你不能跟任何人讲这儿的事情。你们同不同意，结果这 7 个人全部同意。我们给他们一个全是英文的协议，他们看不懂，但他们马上就签了。"

签完了字，马云带着公司高管和这个新组建的特别小组到一家饭店吃饭。在那里，马云向他们宣布了特别小组的任务，就是"做一个像 eBay 那样的网站"。

　　为了保密，特别小组的成员一直照常工作到4月10号，然后连交接工作都没有做，就集体从阿里巴巴的办公室里"消失"了。这个秘密小组被带到阿里巴巴的发源地——杭州湖畔花园的公寓中，夜以继日地开发新网站。接下来，非典发生，因此"5月隔离的时候，没有几个人知道淘宝诞生"。

　　淘宝网站上线后，慢慢地引起了人们的注意。"到6月的时候，有内部员工在内网上贴帖子说，马总，我们看到了一个对手，有一家公司叫淘宝，他们的思想跟我们一样，风格也一样，连对客户的服务也一样。"很快，越来越多阿里巴巴的员工注意到了这个网站。"议论越来越多，可是我们不作声。最后，终于有人把网上的议论搬到了网下来，几天以后，我注意到有人在我们的休闲吧里议论这件事。而此时有人对阿里巴巴高层在此事上的态度感到了愤怒，他们为什么对这样一个网站不闻不问？已经有人在这样问了。"马云这样描述当时的情况。

　　不过，后来阿里巴巴员工注意到各个部门都少了人，淘宝网站又是用金庸武侠小说中的人物名字作为客服人员的名字，有敏感的员工意识到淘宝可能与阿里巴巴有关系，所以，议论声又小了下去。直到2003年7月10日，淘宝公开了它与阿里巴巴的关系，这才真相大白。

　　横空出世的淘宝迅速壮大。它与eBay-易趣的竞争正面展开。正是淘宝这种悄然行动的策略，给它的壮大赢得了时间，也为打败eBay-易趣奠定了基础。"我们用望远镜能看到对手，而对手根本不知道我们在哪里。"这是马云对这场竞争开始之前的一个描述。

　　不让对手知道自己在干什么，这是马云的一个竞争策略。"我们与竞争对手最大的区别就是我们知道他们要做什么，而他们不知道我们想做什么。我们想做什么，没有必要让所有人知道。"

　　马云的这种策略还体现在他对阿里巴巴上市的看法上，他认为："我们没有上市是最有优势的。"因为上市公司的财务及股份必须向外界公开，而非上市公司则不用透露自己的商业机密。所以，马云说："没必要过早上市，把我们暴露在对手的眼皮底下。"这也是为什么马云一再推迟阿里巴巴上市。

要用欣赏的眼光看对手

> 商场如战场，但商场不是战场，战场上只有你死我才能活，而商场上是你活着，我可以活得更好。
>
> ——马云

在商业社会中，竞争是不可避免的。"每个企业都有竞争，一定会有竞争，而且必须要有竞争，但竞争不是企业生存的主要目的。竞争是企业发展的需要，有竞争才有市场，有竞争才能使企业成长。"竞争者是你的磨刀石，它会把你越磨越快，越磨越亮。可是，很多企业并不能透彻地明白这一点。它们在面对竞争对手时，习惯将对手视作仇敌，整天想的都是向对手挑战，打败对手。

对此，马云说："竞争是商业过程中的一场游戏，更是一种艺术，竞争者第一点是向竞争者学习，只有向竞争者学习的人才会进步。"在马云看来，遇到一个强大的对手时，应该做的"不是去挑战它，而是去弥补它。做它做不到的，去服务好它，先求生存，再求战略"。

"很多企业一上手就是杀手，杀这个，杀那个，到最后变成一个职业杀手，天天忙着杀人，这样成不了世界一流高手。一流高手眼睛里面是没有对手的。心中有敌者，天下皆为敌；心中无敌者，无敌于天下。商场如战场，但商场不是战场，战场上只有你死我才能活，而商场上是你活着，我可以活得更好。"

在马云看来："竞争者对阿里巴巴应该起到健康的作用，如果把竞争者当作仇敌看待，天天扯、骂，自己也不会有出息。"商场上需要的是不断地向竞争对手学习。"要用欣赏的眼光看对手，绝对不要仇恨。仇恨只能让你鼠目寸光，让你乱了自己原有的套路。"

不过有一点必须注意，在竞争时选择优秀的竞争对手是非常重要的。你选的竞争对手应该是比你强的，而不是比你还弱的。孙彤宇举了个例子："就像小时候我考体育跑百米有一个非常深刻的体会，一开始不懂，两个人两个人地考，我就找一个比我差的人，我觉得我比他跑得快，感觉很爽。后来我发现不对，我要找一个比我跑得快的人，这样两个人一块儿跑，我才会跑出比原来好的成绩，因为他跑在我前面，我想要超过他，这就是'陪跑员'的责任。我觉得对于企业来说，这可能比较自私。如果身边有一个跑得慢的人，你真的很爽，尤其是离得很远了，你不断地回头去看，甚至还停下来朝他望望，有可能还点根烟抽抽。所以，我们要的是比我们跑得快的人。"

另外，也不要去选择地痞流氓作为对手。"优秀的对手永远不会搞个人情绪主义，更不会搞恨不得叫人想揍对手企业的 CEO 的战略。""如果你选择一个优秀的竞争者，打着打着，打成流氓的时候你就赢了。"

所以，马云说："当有人向你叫板的时候，你首先要判断他是一个优秀竞争者，还是一个流氓竞争者，如果是一个流氓竞争者你就放弃。但是在我们这个领域里，我首先自己选择竞争者，我不让竞争者选我，当他还没有觉得我是竞争者时，我就盯上他了。所以我觉得在我们这个行业里，我自己的心得体会就是你去选择谁是你的竞争者，不要让人家盯着你。人家盯着你，人家一打，你就跟着稀里糊涂地打。所以这几年人家在模仿我们，但是不知道我们究竟想做什么。我选竞争对手的时候首先要看他们要去干什么，我在终点那里等着。"

竞争最主要的其实不是打败对手，而是发展自己。要知道，"竞争者是杀不掉你的，一定是自己杀死自己。其实最大的对手你用望远镜是找不到的，自己才是真正的对手。"

马云认为："在商场上最大的同盟军是你的客户，把客户服务好了，你就会成功，决定成功的是客户而不是竞争对手。"他还给大家讲了这么个故事："中国银行什么事都给你做好，你觉得它欠了你很多东西；但是汇丰银行，它什么也没为你做，你反倒觉得欠了它很多东西。我觉得服务的最高境界就是没有服务。"

把鲨鱼引到长江里来

> eBay 也许在海里是条鲨鱼，但我是长江里的一条鳄鱼。如果我们在大海里对抗，我肯定斗不过它，但如果我们在江河里较量，我能赢。
>
> ——马云

eBay 是世界 C2C 领域的老大，记者陈钢在《互联网周刊》上是这么介绍它的：eBay（电子湾）公司成立于 1995 年 9 月，是一家电子商务网站。其经营口号惊人，号称"希望能帮助地球上任何人完成任意商品的买卖交易"。在问世不到 7 年的时间里公司高速发展，取得了傲人的业绩：目前在线交易商品 1.8 万类约 700 多万件，从 1 美元的打折磁盘到 500 万美元的飞机几乎应有尽有；公司拥有来自世界各个角落的 4200 万注册用户，诸如新加坡的买主通过其交易平台向美国的卖主购买商品的事早已不足为奇；在诸多电子商务公司苦苦寻找赢利途径之时，电子湾 2001 年全球年度销售额已超过 90 亿美元，赢利 9000 万美元；目前，电子湾公司业务已经进入 24 个国家和地区，成为全球首屈一指的个人、企业商品在线交易平台。

对淘宝来说，这样的竞争对手是非常强大的。但是，来自 eBay 的打击是淘宝无可逃避、必须要面对的。在淘宝刚一公开亮相的时候，eBay 的女掌门梅格·惠特曼就说："它最多只能存活 18 个月。"不过马云也并不畏惧，他说："eBay 也许在海里是条鲨鱼，但我是长江里的一条鳄鱼。如果我们在大海里对抗，我肯定斗不过它，但如果我们在江河里较量，我能赢。"

这是一场战争，一场淘宝对 eBay 的战争，战争异常激烈。

"如果 eBay 想成为全球在线买卖市场的老大，它需要中国市场"，所以，梅格·惠特曼对华尔街的投资者和分析师说，eBay 在中国"必须赢"。她为了打赢中国的这场战役不惜血本，"要什么就给什么，要多少就给多少"，而且还花巨资将钱投到了春节联欢晚会上。

另一方面，马云也做了充分的准备。"阿里巴巴刚刚完成了公司成立以来最大的一次组织架构调整，现在是阿里巴巴最好的时候。我们从外面找来了很多高手，这不仅关系到明年的战略，更关系到 2009 年前阿里巴巴的整体建构、人才的培养和磨合，这可以说是我今年最得意的事情。如果说 3 月的 8200 万美元融资是阿里巴巴开战的弹药储备，那么这些人才就是打仗需要的将和兵。"

在马云看来："跨国公司进入中国，往往会经历四个阶段，第一'看不到'，第二'看不起'，第三'看不懂'，第四'跟不上'。"跨国公司往往从看不到对手的存在到看不起对手，但是，中国的公司将会让它们困惑甚至震惊。马云自信地对《福布斯》杂志的记者说："孙正义把 eBay 赶出了日本市场。我在中国也有同样的机会，eBay 没有把我当作是个威胁，所以它在中国市场会比在日本败得更惨。"

作为后来者的淘宝迅速成长。在双方交手一两个回合之后，淘宝就占了上风。这迫使 eBay 立即加大了对中国的投资。2005 年 1 月，eBay 宣称向中国追加 1 亿美元的投资。

在 eBay 宣布追加投资的同时，马云砍掉了 2/3 的市场预算，并且在头 7 个月冻结了广告费用。因为 eBay 大规模的广告宣传不仅帮助了中国电子商务市场的培育，也帮助了淘宝。马云还向 eBay 叫阵："我们希望易趣在推广方面花越多的钱越好。如果易趣不花这个钱，那么培育市场的工作就得淘宝来做，我们就必须花这个钱；现在易趣花了这个钱，把市场培育起来了，淘宝就只需赢过易趣就行了。"

eBay 巨资投放广告最终并没有带来明显的效果，而淘宝却日益壮大。2005 年 10 月 20 日，阿里巴巴宣布："向淘宝增资 10 亿元人民币，淘宝网继续免费使用 3 年。"对于这项决定，马云说："市场基础已经被 eBay－易趣培养起来了，该我们出手了！"

在淘宝对 eBay 的这场战役中，马云对 eBay 的一举一动都十分关注。"eBay 公司所有的高层资料我们都会详细分析，他们在世界各地的各种打法，他们擅长的各种管理手段和应招特点，我们都会仔细研究。"对 eBay 和淘宝各自的优势，马云看得很清楚：

"eBay 的长处是资本、人才和对未来电子商务的理解，而淘宝优势在于对中国的人才和中国市场的理解。当初 eBay 曾说要用 18 个月灭了淘宝，而现在我们要说，我们再给他们一个月的时间，如果我们的对手还是没有发现和纠正自己存在的缺陷和错误，那么他们将丧失最后的机会。可以说 eBay 是个伟大的公司，适应能力非常强，但是现在易趣和淘宝不在一个级别上，淘宝的对手是 eBay。"

由于阿里巴巴不是上市公司，惠特曼对淘宝的了解没有马云对 eBay 的了解多，所以马云对敌人是虚虚实实，"既扔鞭炮，又扔炸弹"。

"我既要扔鞭炮，又要扔炸弹。扔鞭炮是为了吸引别人的注意，迷惑敌人，扔炸弹才是我真正的目的。不过，我可不会告诉你我什么时候扔鞭炮，什么时候扔炸弹。游戏就是要虚虚实实，这样才开心。如果你在游戏中感到很痛苦，那说明你的玩法选错了。"

在 2005 年的亚太经合组织峰会上，对于淘宝和 eBay 之间的战争，马云说："游戏即将结束，同 eBay 的竞争已经提不起我的兴趣。"2006 年 9 月 21 日，吴世雄黯然辞去 eBay－易趣的 CEO 职务。2006 年 12 月 20 日惠特曼在北京宣布，eBay 中国与 TOM 在线合资。至此，淘宝与 eBay 在中国市场的较量分出了胜负。eBay 最终败走中国。

关于淘宝在这次较量中取胜的原因，马云这样说："不是淘宝做得足够好，而是 eBay 给了我们太多机会。"

"易趣吃的最大的亏就是如何和美国总部沟通的问题。以前我们看了很多报道说郑锡贵 (eBay－易趣 COO) 连有多少电脑进来、多少桌了进来都要进行报告，这是跨国公司和本土公司一个很大的区别。"

在马云看来，eBay 的领导层"非常善于指挥集团作战，但是他们不知道如何打游击战"。这就是海里的鲨鱼在长江里与鳄鱼较量的结果。

永远把对手想得强大一点

> 永远要把对手想得非常强大，哪怕他非常弱小，你也要把他想得非常强大。
>
> ——马云

轻敌这种错误在商场上经常可以见到。eBay 在与淘宝较量时最开始就是错在了轻敌上。2003 年 5 月 10 日，淘宝作为一个 C2C 网站在网上出现时，并没有引起 eBay 太多的注意。当时网上的这种 C2C 网站有好多个，但都未成气候。作为国际 C2C 领域的霸主，eBay 并没有把这些网站放在眼里，这使它错过了封杀淘宝的绝好时机。而后来 eBay 被迫加大对淘宝的回应，战略行动迟缓、被淘宝压制、不注意成本控制等则进一步导致了 eBay 在中国市场的失败。

"商场上很多东西看起来要赢了，结果却输掉了，那是你不够重视。"所以在马云看来，"做企业，每一天都要非常认真，对每一个项目、每一天的过程都要非常仔细"，"不管你拥有多少资源，永远把对手想得强大一点"。

2005 年 7 月，eBay 将其在线支付方案贝宝（PayPal）引入中国，8 月底，贝宝与 eBay- 易趣的安付通宣布对接。虽然当时的支付宝已占据了电子商务支付市场的首位，用户评价也认为支付宝更适合中国消费者，但马云一点也不敢轻敌。支付宝与安付通、贝宝竞争了两年之后，终于打败了对手。

"永远要把对手想得非常强大，哪怕他非常弱小，你也要把他想得非常强大。商界犯错误时经常会说犯的几个错误是"看不见""看不起""看不懂""跟不上"，首先对手在哪儿都找不到，第二根本看不起这些人，第三看不懂他们怎么起来的，最后是根本跟不上别人。"这是马云在《赢在中国》现场对选手说的话。

只有明天是我们的竞争对手

> 发令枪一响，你是没时间看你的对手是怎么跑的，你只能一直往前冲。
>
> ——马云

在回答谁是阿里巴巴的竞争对手这个问题时，马云说："明天是我们的竞争对手，明天会有更新的东西出来；时间是我们的竞争对手；我们自己是我们的竞争对手。"

在《福布斯》杂志将"环球资源""美商网"和"波士顿"三大网站列为阿里巴巴的主要竞争对手时，马云很不以为然。用马云自己的话来解释就是："在前100米的冲刺中，谁都不是对手，是因为跑的是3000米的长跑，你跑着跑着，跑了四五百米后才能拉开距离的。"

"中国的很多公司，跑到一半的时候，跟左边的人打几下；再跑几步，又跟右边的人打几下，疲于奔命。我说，要把时间花在客户身上，花在服务上，而不要花在竞争对手身上，这是一个创新型公司最重要的。只要你今天比昨天好，明天比今天好，你就永远冲在最前面。"

正因为马云认为自己才是自己的竞争对手，所以在助手提出安排人员专门研究竞争对手时，马云当即把这个提案"毙"了。马云说："发令枪一响，你是没时间看你的对手是怎么跑的，你只能一直往前冲。"大家都知道，在冲刺的时候研究对手，那是往后看的。"只有研究明天、研究自己才是往前看。"

在阿里巴巴刚刚创立的时期，马云就是用"没时间看对手"来不断地鼓动员工，带领大家疯狂地工作。那时候阿里巴巴创业团队每天工作 16 到 18 小时，日夜不停地设计网页、讨论创意和构思，困了就睡在办公室里，醒来就干活。邻居们也觉得奇怪，不知道他们到底在干什么？早上五六点钟见到这群人离开马云家，下午三四点又见他们回来了。

艰苦的工作换来收获。1999 年 3 月，阿里巴巴网站正式推出。

"现在回过头来看，1999 年的那一段时间是阿里巴巴超越很多网站的最重要时段。马云对这个网站寄予了很大的希望，要求自然也就高。不过那个时候对我们来说也是很痛苦的。我们约定半年时间内不见任何媒体。因为忙，同时也因为和家人朋友说不清自己正在做什么，所以我们基本上也不见他们。就这样处于半封闭状态做了半年。"一位阿里巴巴的创业元老回忆当时的情形时说。

人最大的对手就是自己、就是明天。因此，马云在《赢在中国》现场这样告诫 80 后选手："80 年代的人不要跟 70 年代，跟 60 年代的人竞争，而是要跟未来，跟 90 年代的人竞争，这样你才有赢的可能性。一开始功利心不能太强，这是我给 80 年代人的建议。"

第五章

客户关系：
为客户提供实实在在的服务

　　我没有关系，也没有钱，我是一点点起来的，我认为关系特别不可靠，做生意不能凭关系，做生意也不能凭小聪明。做生意最重要的是你明白客户需要什么，实实在在创造价值，坚持下去。

很多企业前面的成功往往为后面埋下了更大的失败隐患，因为它们不清楚自己为什么会成功，像赌博一样，一开始是赢了，第二次还是照原来的套路走，但市场和周围的环境是变化的，而它们不了解客户和市场需求的变化。

我们是做电子商务的企业，是服务型的行业，服务是全世界最贵的产品，最佳的服务就是不要服务，完善一个良好的体系最重要。

你不管做任何事儿，脑子里不能有功利心。如果一个人脑子里想着人民币，眼睛看到的是美元，嘴巴吐出来的是英镑，那这样的人是永远不会真正地把客户的需求放在第一位的。

对于电子商务网站来讲，所谓的客户第一，简单来说就是让自己的会员赚到钱，这并不是说会员口袋里有了 5 块钱，然后我们拿 1 块钱，而是要帮助客户把口袋里的钱变成 500 块甚至更多，这个时候会员会非常愿意给你 50 块钱。

我们不会因为媒体、不会因为评论者、不会因为分析师和任何专家的评论改变我们，我们只会因为客户的改变而改变。

阿里巴巴的目标很明确，首先是帮助客户赚钱，再过几年帮助他们快乐地赚钱，再过几年帮助他们赚大钱，最后帮他们省钱。

应该把麻烦留给自己，不要留给用户。

为客户提供实实在在的服务

> 我们坚信一点，新经济也好，旧经济也好，有一样东西，永远不会
> 改变，就是为客户提供实实在在的服务。如果没有有价值的服务，网站
> 是不可能持续发展的。
>
> ——马云

阿里巴巴"六脉神剑"中的第一剑就是"客户第一"。很多企业都提出客户第一的口号，这并不新鲜。不过，阿里巴巴的"客户第一"有其独特的内容。阿里巴巴对"客户第一"的阐述是：客户是衣食父母，无论何种状况，始终微笑面对客户，体现尊重和诚意；在坚持原则的基础上，用客户喜欢的方式对待客户；为客户提供高附加值的服务，使客户资源的利用最优化；平衡好客户需求和公司利益，寻求并取得双赢；关注客户的关注点，为客户提供建议和资讯，帮助客户成长。其中诚信、取得双赢、帮助客户成长是阿里巴巴对"客户第一"的独特阐释。

当然，光提出口号，没有落实到实处，那是虚的，无意义的。在阿里巴巴，"客户第一"的理念不仅仅是写在纸上，它更落实在实践中，是一个需要坚决贯彻执行的原则。因为马云十分清楚，产品或经营模式是很容易被别人模仿的，但服务很难被人模仿。优质的服务在某种程度上是一个品牌最重要的优势。

早在阿里巴巴的"湖畔时代"，马云就坚持客户第一，服务第一。所以，阿里巴巴从一开始就坚持与客户一对一地在线沟通，而不是通过机器回复。彭蕾那时也做客服，她说："那时的客服都是即时的，大家做客服做到了痴迷的程度，工作到半夜一两点，客户的信没有处理完就不回去。有时客户半夜两点收到邮件，很吃惊，问我们：'是不是时间有问题？'我们说：'没有啊，我们都在线啊。'

客户非常感动。"

另外，马云还坚持贴在阿里巴巴上的每一条信息都必须经过检查并进行分类。虽然这让阿里巴巴的技术人员觉得违反了互联网的自由精神，但马云还是坚持这样做。因为他认为贸易必须是真实的。

对当时的阿里巴巴来说，坚持这些原则是一个沉重的负担。因为这意味着必须 24 小时有人值班，必须有人耐心地给客户回电子邮件，对每一条信息进行审核然后进行一百多个种类的分类。况且，那时网站还没有营业收入，这一切都是没有酬劳的。

但是，正是由于马云的坚持，由于阿里巴巴高质量的服务，才赢得了客户的高度认可，培养了许多一直支持阿里巴巴的忠实客户。彭蕾说："我去年在客户培训会上发现了一个 1999 年的老客户，他是河北易县一个搞铸造的老板。听课时把正在读书的女儿也带来了，他想让女儿接他的班。这个老板一开始用阿里巴巴的免费服务，后来用收费的，包括收费最贵的服务，一直用了 5 年。"所以，马云说："作为电子商务服务公司，服务质量的好坏是决定阿里巴巴能否生存发展的关键。"

对于以后，马云还定下了这样的目标："未来，我们有三个目标，其中一条就是'成为中国客户最满意的公司'。"

帮助客户赚钱

> 我说如果阿里巴巴发现了金矿，那我们绝对不自己去挖，我们希望
> 别人去挖，他挖了金矿给我们一块就可以了。很多人喜欢把金矿牢牢守住。
> 而我们去帮助别人发财，别人发财我们才能发财。因为我们所需并不多。
>
> ——马云

公司就是赢利的组织。很多企业想的是如何争取更多的客户，如何从客户那赚到更多的钱。可马云整天考虑的却是如何让更多的会员赚到更多的钱。马云说："我们那时候要用一块布赢一块钱，在所有的互联网公司都在挖空心思赚客户钱的时候，我们的想法是反正我们赚不到钱，所以挖空心思帮助客户赚钱，这是我们当时的出发点。"

这样的出发点，形成了阿里巴巴独特而优秀的客户文化。在阿里巴巴，推行的是"客户第一"文化，其实质就是帮助客户赚钱，帮助客户成长，然后才是赚取合理的利润。因为，"对于电子商务网站来讲，所谓的客户第一，简单来说就是让自己的会员赚到钱，这并不是说会员口袋里有了5块钱，然后我们拿1块钱，而是要帮助客户把口袋里的钱变成500块甚至更多，这个时候会员会非常愿意给你50块钱。"

马云说："阿里巴巴的目标很明确，首先是帮助客户赚钱，再过几年帮助他们快乐地赚钱，再过几年帮助他们赚大钱，最后帮他们省钱。"为了帮助客户赚钱，帮助客户成长，阿里巴巴做得非常全面。

如果阿里巴巴后台追踪到某个会员连续几个月的信息反馈量不佳，阿里巴巴的员工会主动联系他，帮助其调整、修改制订的方针。对于一些入门级的会员，

阿里巴巴还提供一些关于贸易的基本礼仪、常识等方面的服务。

此外，阿里巴巴还规定，成为阿里巴巴的客户后，必须接受培训。阿里巴巴为客户组织诸多培训，有供应商培训、百年会员培训、以商会友俱乐部和会员见面会等等。后来，阿里巴巴集团还与杭州电子科技大学、英国亨利商学院联合成立了"阿里学院"，用于对客户和员工进行培训。

"阿里学院"拥有着丰富的教学资源，定期与国内外著名高校互换教师和教育场所。它除了给客户做电子商务知识、理念方面的培训，还做出口贸易政策、法规的培训，在帮助客户真正掌握并成功运用电子商务平台之外，还帮助企业提高了综合竞争力。"与目前的 MBA 和麦肯锡式的培训和服务体系不同，阿里巴巴学院更讲究实用。"马云这样评价"阿里学院"。

为什么阿里巴巴要求必须对客户进行培训呢？

"电子商务是一个长期发展的过程，它不是一个投机行为，它是一个投资行为，它就像你学习英文一样，不是你交了钱就能懂英文，你交了钱还得去努力，还得去学。10 年以后，20 年以后，30 年以后，中国所有的企业都会在网上做生意，全世界的大部分企业的行为都在网络上面，所以你今天在网络上投几千、几百块钱都会让你受益匪浅。请你们记住：电子商务是每个商人必须具备的一项技能。"

另外，阿里巴巴是服务型企业，它的价值是通过客户来体现的。"只有客户成长了，阿里巴巴才会成长；客户不成长，阿里巴巴不会成长，客户都完了，穷了，阿里巴巴也就完了。以前我们有的客户不懂贸易，对方来的信也不回，我们就对这些客户进行强制性培训。客户用我们的服务，就要接受我们的培训，我、关总、我们的副总再忙也要给客户进行免费的培训。否则，就算你帮客户赚了钱，他有钱了，但也不会成长。"

马云还将帮助客户成功的这种理念深深植入销售人员的脑中。阿里巴巴每个招来的销售人员不是先让他去卖产品，而是先培训一个月。培训的内容主要也不是销售技巧，而是阿里巴巴的价值观、使命感。马云对他们说：

"一个销售员脑子里面想的都是钱的时候，这个眼睛是美元，那个眼睛是港币，讲话全是人民币。脑子里想的都是钱的时候你连写字楼都进不去，你发现写字楼里面很多条子写什么？谢绝销售。而且销售人员绝大部分都穿得差不多，保安马上能够把你请出去，因为你脑子里想的都是如何赚别人的钱。如果你觉得我这个产品是帮助客户成功，帮助别人成功，这个产品对别人有用，那你的自信心会很强。绝大多数做生意的人看到张三口袋里面有 5 块钱，他就想怎么把这钱弄到我口袋里面。几乎所有人都这么想，而你希望成就一家伟大的企业，希望企业做成像海尔、海信，GE、IBM、微软这样的企业，你要想的是如何用我的产品帮助客户将口袋里面的 5 块钱变成四五十块钱，然后从多出来的钱里面拿到我要的四五块钱。"

正是阿里巴巴这种帮助客户赚钱、与客户共同成长的理念，使客户不会拒绝付给阿里巴巴合理的报酬。因为他们真正从阿里巴巴网站上做了生意，赚到了钱。马云形容这种策略说："我们是教人钓鱼，而不是给人鱼。"

做任何事都是为了客户的需要

> 我没有关系，也没有钱，我是一点点起来的，我认为关系特别不可靠，做生意不能凭关系，做生意也不能凭小聪明，做生意最重要的是你明白客户需要什么，实实在在创造价值，坚持下去。
>
> ——马云

阿里巴巴的组织结构图是一个倒金字塔的形状，客户在最上层，第二层是一线员工，第三层是中级主管，最底层才是 CEO。处在最底层的马云花时间最多的就是在世界各地奔走，目的是为了更多地与客户进行交流，了解客户的需求。因为马云清楚地明白"做生意最重要的是你明白客户需要什么，实实在在创造价值，坚持下去"。

"对阿里巴巴来讲，我们做的任何事，首先必须是为我的客户需要，如果我发现我的客户需要的时候我会做任何事。我们创办阿里巴巴，纯粹是认为中国需要一个 B2B 的电子市场，后来做淘宝发现 B2B 和 B2C 要竞争，如果我们不做，3 年以后我们建设出来的 B2B 可能会毁于一旦。后来发现 B2B 和 B2C 都做好之后，还不能支付的话，也不行，就做了支付宝，后来就发现这样做还得做很多。"

正是由于马云一直坚持做任何事都是为了满足客户需要的思想，坚持为客户提供更好的服务，才有阿里巴巴独创 B2B 业务的迅速做大做强，才有淘宝打败 eBay 的壮举，才有支付宝的抢先占领市场。可以说，"倾听客户的声音，满足客户的需求"是阿里巴巴生存与发展的根基。这一点从淘宝与 eBay 的竞争中就能很清楚地显现出来。

淘宝之所以能够击败 eBay，就在于它更贴近客户，更会倾听客户的声音，更能满足客户的需求。孙彤宇当时还提出一个口号："淘宝是大家的淘宝！"所以，淘宝一直坚持与客户互动，根据客户的需求来设计功能。淘宝旺旺就是应客户的需要而产生的。

那时，为了防止用户因规避 eBay-易趣的交易费用而选择线下交易或利用其他方式来进行交易，eBay-易趣是不提供即时通信工具的。有什么话要说，可以在店铺里面留言。这样就给用户带来很大的不便。为此，有 eBay-易趣的用户抱怨说："在 eBay 上沟通实在太困难了，仅仅通过上网浏览，很难确定对方货物质量是优是劣。"正是这个声音启发了淘宝：如果用户有这方面的需要，而 eBay-易趣又没有提供，那这也许就是可以击败 eBay-易趣的地方。

经过市场调研，淘宝认为增加一个即时通信工具是非常必要的。于是就有了淘宝旺旺的诞生。通过淘宝旺旺，买家和卖家可以方便即时地进行沟通，买家还能从与卖家的交谈中来判断这个货品是否值得购买，卖家的陈述是否值得信任，这大大方便了用户。而且，经由淘宝旺旺保存下来的聊天记录截图、对话记录或者视频记录，还可以用来作为产生纠纷时的证据。这更是大大增强了淘宝的竞争力。

自从淘宝网增加了淘宝旺旺的服务之后，网站的友好度有了明显的提升，有的客户甚至将淘宝有淘宝旺旺，能使他与买家进行方便沟通列为选择淘宝的第一原因。所以，"最核心的问题是根据市场去制定你的产品，关键是要倾听客户的声音"，这就是马云取胜的法宝。

马云还告诫所有创业者说："一切产品，都必须倾听客户的意见，必须搞清楚客户到底需要什么，这样我们才能确定怎么生产，确定如何满足客户的需求。很多企业前面的成功往往为后面埋下了更大的失败隐患，因为它们不清楚自己为什么会成功，像赌博一样，一开始是赢了，第二次还是照原来的套路走，但市场和周围的环境是变化的，而它们不了解客户和市场需求的变化。所以，成功了，要了解为什么会成功；失败了，更要搞清楚为什么会失败。"

懒人创造了历史

> 我不想看说明书，也不希望你告诉我该怎么用。我只要点击，打开
> 浏览器，看到需要的东西，我就点。如果做不到这一点，那你就有麻烦了。
>
> ——马云

身为网络公司 CEO 的马云，其实电脑知识非常有限。"计算机我到现在为止只会做两件事，收发电子邮件还有浏览，其他的没有了。我真不懂，我连在网上看 VCD 也不会，打开电脑我就特别烦，拷贝也不会弄。"正因为如此，马云认为："技术，就应该是傻瓜式服务。技术应该为人服务，人不能为技术服务。"他甚至将阿里巴巴能够发展得这么好的其中一个原因归结为"主要是他们的 CEO 不懂技术"。

为什么这么说呢？

"全中国有 13.2 亿的人口，真正懂技术的只有 2000 多万，很多人跟我一样不懂技术，我的工作是把 13 亿不懂技术的人变得喜欢在网上做生意。"所以，"我就告诉我们的工程师，你们是为我服务的，技术是为人服务的，人不能为技术服务，再好的技术如果不管用，扔了。我们的网站为什么那么受欢迎？那么受普通企业家的欢迎？原因是，我大概做了一年的质量管理员，就是他们写的任何程序我都要试试看，如果我发现自己不会用，赶紧扔了，我说 85% 的人跟我一样，不会用的。"

正因为马云自己不懂技术，有 85% 的商人跟马云一样不懂技术，所以马云要求网站中各种功能的使用方法要非常简单。

每次做出来的程序，都要经过马云测试，如果他不会用就扔掉。马云说："我不想看说明书，也不希望你告诉我该怎么用。我只要点击，打开浏览器，看到需

要的东西，我就点。如果做不到这一点，那你就有麻烦了。"

这就是马云认为"客户是懒人"的理论，企业要替客户着想，"应把麻烦留给自己，不要留给用户"。马云希望电子商务要像自来水一样方便，随手一拧就是，这样才不会吓跑客户。

阿里巴巴并购雅虎中国后，马云也是以这样的标准来要求它的。马云说："搜索必须要有一个重大的改革，我觉得现在的搜索都是工程师的游戏，雅虎中国就是要让不懂技术、不懂网络的人都能快速尝试搜索引擎、使用搜索引擎。"

为了让雅虎中国的员工在以后工作中树立以顾客为导向的观念，根据客户的需求而改变，马云用幽默的方式给雅虎的员工做了一次十分精彩的演讲。他的这次演讲后来在网络上广为流传。

今天是我第一次和雅虎的朋友们面对面交流，我希望把我成功的经验和大家分享，尽管我认为你们其中的绝大多数勤劳聪明的人都无法从中获益，但我坚信，一定有一些懒得去判断我讲的是否正确就效仿的人，可以获益匪浅。

让我们开启今天的话题吧！

世界上很多非常聪明并且受过高等教育的人，无法成功。就是因为他们从小就受到了错误的教育，他们养成了勤劳的恶习。很多人都记得爱迪生说的那句话吧——天才就是99%的汗水加上1%的灵感，并且被这句话误导了一生。勤勤恳恳地奋斗，最终却碌碌无为。其实爱迪生是因为懒得想他成功的真正原因，所以就编了这句话来误导我们。

很多人可能认为我是在胡说八道，好，让我用100个例子来证实你们的错误吧！事实胜于雄辩。

世界上最富有的人比尔·盖茨，他是个程序员，懒得读书，他就退学了。他又懒得记那些复杂的DOS命令，于是，他就编了个图形的界面程序，叫什么来着？我忘了，懒得记这些东西。于是，全世界的电脑都长着相同的脸，而他也成了世界首富。

世界上最值钱的品牌可口可乐，他的老板更懒。尽管中国的茶文化历史悠久，巴西的咖啡香味浓郁，但他实在太懒了，弄点糖精加上凉水，装瓶就卖。于是全世界有人的地方，大家都在喝那种像血一样的液体。

世界上最好的足球运动员，罗纳尔多，他在场上连动都懒得动，就在对方的门前站着。等球砸到他的时候，踢一脚，这就是全世界身价最高的运动员了。有的人说，他带球的速度快得惊人，那是废话，别人一场跑 90 分钟，他就跑 15 秒，当然要快些了。

世界上最厉害的餐饮企业麦当劳，他的老板也是懒得出奇，懒得学习法国大餐的精美，懒得掌握中餐的复杂技巧，弄两片破面包夹块牛肉就卖，结果全世界都能看到那个 M 的标志。必胜客的老板，懒得把馅饼的馅装进去，直接撒在发面饼上面就卖，结果大家管那叫 Pizza，比十张馅饼还贵。

还有更聪明的懒人：

懒得爬楼，于是他们发明了电梯；

懒得走路，于是他们制造出汽车、火车和飞机；

懒得一个一个地杀人，于是他们发明了原子弹；

懒得每次去计算，于是他们发明了数学公式；

懒得出去听音乐会，于是他们发明了唱片、磁带和 CD；

这样的例子太多了，我都懒得再说了。

还有那句废话也要提一下，生命在于运动，但你见过哪个运动员长寿了？世界上最长寿的人还不是那些连肉都懒得吃的和尚？

如果没有这些懒人，我们现在生活在什么样的环境里，我都懒得想！

人是这样，动物也如此。世界上最长寿的动物叫乌龟，它一辈子几乎不怎么动，就趴在那里，结果能活 1000 年。它懒得走，但和勤劳好动的兔子赛跑，谁赢了？牛最勤劳，结果人们给它吃草，却还要挤它的奶。熊猫傻了吧唧的，什么也不干，抱着根竹子能啃一天，人们亲昵地称它为"国宝"。

回到我们的工作中，看看你公司里每天最早来最晚走、一天像发条一样忙个不停的人，他是不是工资最低的？那个每天游手好闲，没事就发呆的家伙，是不是工资最高，据说还持有不少公司的股票呢！

　　我以上所举的例子，只是想说明一个问题，这个世界实际上是靠懒人来支撑的，世界如此精彩都是拜懒人所赐。现在你应该知道你不成功的主要原因了吧！

　　懒不是傻懒，如果你想少干，就要想出懒的方法，要懒出风格，懒出境界。像我从小就懒，连肉都懒得长，这就是境界。

　　再次感谢大家！

客户也有错的时候

> 有时候客户是错的，他们不知道你们在干什么，你们是企业家，要
> 明白自己在干什么。
>
> ——马云

对客户关系，马云还有一个与众不同的论述，那就是不能无条件遵循"客户永远是对的"。客户也有犯错的时候，所以，遵循"客户永远是对的"有个前提条件，那就是要在客户完全清楚自己要的是什么的情况下。

马云的这种观点是从一个饭店学来的。他曾经在公司里面给员工讲过这个故事。

杭州有一个很有名的饭店，在杭州、上海、南京、北京开的饭店很多都需要提前几天甚至是一个星期预订座位。6年前我到这个饭店去吃饭，这个饭店还没有几张桌子，我点好菜后在那儿等，过了5分钟，经理来了说："先生，你的菜再重新点吧。"我说："怎么了？"他说："你的菜点错了，你点了4个汤1个菜。你回去的时候，一定说饭店不好，菜不好，实际上是你菜点的不好，我们有很多好菜，你应该点4个菜1个汤。"我觉得这个饭店很有意思，为客人着想，不会像其他饭店看见有客人来，就说龙虾怎么好，甲鱼也不错。他却对你讲没必要点这么多，两个人点这些就行了，不够再点。你会感觉他是为客户着想，客户满意了，他才会成功；如果客户不满意，就是你不成功。

其实客户在很多时候，并不知道他们真正想要的是什么。一味遵循"客户永远是对的"，往往会失去客户，而且不知道为什么会失去。所以，企业一定要真正读懂客户的心。客户不了解产品，"不知道你们在干什么，你们是企业家，要

明白自己在干什么"。

　　马云在遇到客户的时候，总是和他们一起探讨，"首先，你要想好自己到底想要干什么？然后才能摆脱各种诱惑，照着这个思路一路走下去。其次，你要知道哪些事情该做，哪些事情不该做！选择具有长远空间的业务去发展。"正是阿里巴巴这种真心为客户着想的精神，使它赢得了客户的信赖。

　　马云对客户也会犯错的这种清醒认识，使得他在阿里巴巴内部实行一种"271"战略：

　　"20%是优秀员工，70%是不错的员工，10%是必须淘汰掉的员工。我对客户也要实行'271'战略，有10%的客户每年一定要淘汰掉。"为此，马云还举了一个例子："比如说我是医生，你是病人，你来看病。我开了一个药方，你把药买回去，往家里面一放不吃药，我也没有办法。"

第六章

人才的选拔与任用：
平凡人在一起却做出了不平凡的事

如果你认为我们是疯子，请你离开；如果你专等上市，请你离开；如果你带着不利于公司的个人目的，请你离开；如果你心浮气躁，请你离开。

在这个社会的商业活动中，不缺乏尽心尽力的人，而是缺乏真正敢于往前挪动一步，在关键时刻能够为整个团队扭转局势的人。

选项目还是选人？我觉得项目和人不应该是矛盾的，优秀的项目必须有合适的人，优秀的人也必须要有合适的项目，然后再加上合适的时间才能成功。

有业绩没团队合作精神的，是"野狗"；和事佬、老好人但没有业绩的，可以定义为"小白兔"；有业绩也有团队精神的，是"猎犬"。

业绩好、价值观也好的员工才是我们要的员工，是我们要的明星，所以我们所有人都要往这儿去靠。

原来就做得很好的人才，到你的公司越容易出问题。这就好比拖拉机里装了一个"波音747"的发动机，会把你的企业带坏的。

你的团队离开你的时候，你要想到一点，我们需要雷锋，但不能让雷锋穿补丁的衣服上街去，让他们跟你分享成功是很重要的！

我们阿里巴巴绝不挖人，也绝不留人。

什么都可以谈，只有价值观不能谈判

> 招聘新员工时，我们主要看他们本身是否诚信，是否能融入企业，
> 是否能接受企业的使命感和价值观。
>
> ——马云

"什么都可以谈，只有价值观不能谈判"，这就是马云对待价值观的态度。什么是阿里巴巴的价值观呢？那就是提炼为"六脉神剑"的企业文化。

"六脉神剑"简单来说：一是"客户第一"，关注客户的关注点，为客户提供建议和资讯，帮助客户成长；二是"团队合作"，共享共担，以小我完成大我；三是"拥抱变化"，突破自我，迎接变化；四是"诚信"，诚实正直，信守承诺；五是"热情"，永不言弃，乐观向上；六是"敬业"，以专业的态度和平常的心态做非凡的事情。

在阿里巴巴，"六脉神剑"是用人的第一标准，招什么样的人，怎样培养人，如何考核人，都以它为标准。

在中国供应商项目启动之初，正是用人之际，按理说直销团队应当优先招有经验和有客户资源的人，可阿里巴巴没有这么做。它是以企业文化第一，价值观第二，最后才是能力的要求来进行招聘，将那些不能接受阿里巴巴的价值观，不能和团队配合的人都拒绝了。"招聘新员工时，我们主要看他们本身是否诚信，是否能融入企业，是否能接受企业的使命感和价值观。"而且，"如果你认为我们是疯子，请你离开；如果你专等上市，请你离开；如果你带着不利于公司的个人目的，请你离开；如果你心浮气躁，请你离开。"

这就是阿里巴巴用人的第一标准。在马云看来，"价值观比销售经验要重要

得多。技能是可以培养的，可诚信和热情是很基本的品质，很难培养。公司从事的是诚信体系刚起步的电子商务，我们首先自己必须诚信。如果一个人不诚信，即使他能力再强，我们也不要。同样，如果你不热爱公司，不喜欢阿里巴巴的文化和氛围，我们也只能割爱"。

这是马云对人才的看法，进入阿里巴巴，就必须要认同阿里巴巴的文化，认同阿里巴巴的理念。他还说："现在有人把阿里巴巴看得很高深，其实我们的门槛并不高。很简单，我们需要的人才：一要讲诚信；二要有学习的能力、好学的精神；三要有拥抱变化的能力；四要乐观上进。具备这四方面素质的人，我们都要。"

招聘时初步筛选出具有相同价值观的人，这仅仅是最初的要求。进入阿里巴巴后有一个月的专门培训，每个新员工都要参加。通过培训，向新员工宣扬阿里巴巴独特的价值观，培养他们的团队合作精神。而在对员工的绩效考核中，业绩只占50%，余下的50%是有关价值观的考核。如果只是工作业绩非常出色，但不符合阿里巴巴的价值观，那也不能通过考核。

马云用了这么一句话来概括阿里巴巴员工应该具备的基本素质："今天阿里巴巴的员工要求具备诚信、学习能力、乐观精神、拥抱变化的态度！"凭借"六脉神剑"这个用人的第一标准，阿里巴巴聚集了一群有着共同梦想、共同价值观的平凡人。但是，这些平凡人在一起却做出了不平凡的事。

我们需要的是猎犬

有业绩没团队合作精神的，是"野狗"；和事佬、老好人但没有业绩的，可以定义为"小白兔"；有业绩也有团队精神的，是"猎犬"。

业绩好、价值观也好的员工才是我们要的员工，是我们要的明星，所以我们所有人都要往这儿去靠。

——马云

马云在挑选人才时，与大多数企业唯业绩论不同，他更看重的是一个人的品质，也就是一个人的价值观。俗话说，"道不同，不相为谋"，如果优秀的人才不能与企业有共同的使命感、价值观，马云就会请他离开。在阿里巴巴，这价值观就体现为认同"六脉神剑"的企业文化，即客户第一、团队合作、拥抱变化、激情、诚信、敬业。

阿里巴巴在对一个人进行评估考核时，个人业绩的打分与价值观的打分各占50%。它将员工分成三种类型：有业绩没团队合作精神的，是"野狗"；和事佬、老好人但没有业绩的，可以定义为"小白兔"；有业绩也有团队精神的，是"猎犬"。

"野狗"型员工如果不能改变价值观，那就会被"杀掉"，坚决清除，不予使用。"小白兔"型员工将会得到公司的帮助，培养使用，争取让他们早日成长起来，但如果"小白兔"没有长进的话，也要逐渐被淘汰掉。"猎犬"型员工才是阿里巴巴需要的，他们会受到公司的重用，有机会接受最好的培训。

在这个考核体系中，"六脉神剑"的价值观就是阿里巴巴的天条，任何人都不能触犯。单纯的业绩不好，没关系，公司会帮助你；而如果违背公司的价值观去骗客户，一旦发现，无论业绩多好，能力多强，都必须离开。

我们可以从下面所叙述的事中看出，在阿里巴巴，价值观是高于一切的。

有一次，公司的高管们抽查销售人员的通话录音时，无意中听到了一名员工跟客户承诺回扣的事情。虽然那名员工是一位业绩十分突出的销售人员，上一个季度刚刚被评为"销售冠军"，但阿里巴巴还是把他辞退了。而另一名能力很强的销售员工因为改动了销售数字也被公司辞退。

用马云的话说，虽然"杀他是很痛的，但是还得杀掉他，因为这些人没有用，他对团队造成的伤害是非常大的"，所以，对于触犯了"六脉神剑"的员工，无论其业绩多好，都要坚决清除。

"野狗"是要坚决清除的，而不能胜任工作的"小白兔"也是要逐渐被淘汰的。"还有些人价值观很好，这些人特别热情、特别善良、特别友好，但是他们的业绩永远不好，那叫'小白兔'，也要杀。"因为，"一个公司'小白兔'多了以后，那就是 种灾难。如果不灭掉几个'小白兔'，这个公司就不会前进、不会进步。"

因此，阿里巴巴实行了末位淘汰制，以此来激励员工不断积极进取，促进企业发展。"我们公司是每半年评估一次，评下来，虽然你的工作很努力，也很出色，但你是最后一个，非常对不起，你就得离开。在两个人和两百人之间，我只能选择对两个人残酷。"

最后，剩下来的"猎犬"才是阿里巴巴需要的——"业绩好、价值观也好的员工才是我们要的员工，是我们要的明星，所以我们所有人都要往这儿去靠。"曾经有人问马云是喜欢能干的员工还是听话的员工？马云回答说："他必须又能干又听话，因为我不相信能干和听话是矛盾的，不是能干的人就一定不听话，听话的人就一定不能干，听话本身就是能干的表现。"

别把飞机引擎装在拖拉机上

原来就做得很好的人才，到你的公司越容易出问题。这就好比拖拉机里装了一个"波音747"的发动机，会把你的企业带坏的。

——马云

对一个企业而言，"人才"二字是怎么定义的？究竟什么样的"人才"能更好地为企业所用？相信很多管理人士对这些问题都有自己的看法，有的人看重学历，认为名校 MBA 出来的精英人物必定是人才。可马云却语出惊人："3 年来，我的企业用了很多的 MBA，95% 都不是很好！"

马云之所以说这话，也是在切身体验后得出的经验教训，并不是随口说说的。

在阿里巴巴创业早期，由高盛公司牵头的 500 万美元"天使基金"到位后，马云用这笔钱做的第一件事，就是从香港和美国招募大量的国际人才。同时，马云还对外宣称："创业人员只能够担任连长级以下的职位，团长级以上全部由MBA 担任"。马云后来坦承自己当时的错误是"因为有钱，我希望有高手进来"。那时，在阿里巴巴 12 个人的高管团队中除了马云自己，其他的人全部来自海外。

接下来几年，马云聘用了更多的 MBA，包括国内知名大学和哈佛、斯坦福等学校的 MBA，但后来 95% 的 MBA 都被马云开除了。

为什么要开除这些精英们呢？原因自然是多方面的。

"首先我承认我水平比较差，95% 的 MBA 都被我开除掉了，难道他们就没有错吗？怎么可能 95% 都被我开除掉？肯定有错，因为这些 MBA 一进来就跟你讲年薪至少 10 万元，一讲都是战略。每次你听那些专家跟 MBA 讲的时候是热血沸腾，然后做的时候你竟不知道从哪儿做起。"

是的，那些MBA都是精英、高手。马云并不否定那些职业经理人的管理水平，他自己也承认"那些职业经理人的管理水平确实很高，就如同飞机引擎一样"，只是，"如此高性能的引擎就适合拖拉机吗？"

另一方面，马云评价那些MBA连"基本的礼节、专业精神、敬业精神都很糟糕"，这些人"一来就好像是我来管你们了，我要当经理人了，好像要把以前的企业家都给推翻了"。这让马云觉得很不好，他认为："作为一个企业家，小企业家成功靠精明，中企业家成功靠管理，大企业家成功靠做人。因此，商业教育培养MBA，首先要过的是做人关。"

后来，马云在说到当初开除MBA的事情时，认为"如果当时不做这样的手术，可能阿里巴巴就没了"。他也承认了自己的错误：

"冬天的时候，我们当时犯了很大的错误。一有钱，我们跟任何企业一样，我们得请高管，请洋人，请世界500强的副总裁。我们请了一大堆人，可最关键的时刻又要做决定请他们离开。我们清掉了很多高管，这是最大的痛苦。就像一个"波音747"的引擎装在拖拉机上面，结果拖拉机没飞起来，反而四分五裂。"

"当时太幼稚，公司的发展水平还容不下这样的人。"

的确，适合的人才才是最好的，"适合的岗位要选择适合的人才，千万不能错位，错位之后成本太大"。对一个企业来说，能够做到人尽其才就是最好的。是不是人才，关键是看把他放在什么位置上。正如西方名言所说："垃圾是放错位置的财富。"所以，"只有适合企业需要的人才是真正的人才"。

马云认识到这点后，开始大力培养内部人才，强调企业人才队伍的自身成长。在他办公室的墙上还挂着这么一幅金庸的题字：善用人才为大领袖要旨，此刘邦之所以创大业也。愿马云兄常勉之。马云说："我挂在办公桌前面，这是给自己看的，挂在后面是给别人看的。天天看到这个，也是对自己的一种提醒。"

不挖人也不留人

> 我们阿里巴巴绝不挖人，也绝不留人。
>
> ——马云

在人才争夺激烈的今天，挖人也成为商业竞争的重要手段，竞争对手之间互挖墙角的事屡见不鲜。为了能从对手那里挖来骨干员工，许多企业都开出十分有诱惑力的待遇。可马云却说："我们阿里巴巴绝不挖人，也绝不留人。"

为什么马云对挖人持如此强烈反对的态度呢？让我们接着往下看。

阿里巴巴并购雅虎中国后，马云走进北京的雅虎中国，准备对它进行一番整合。可是，马云发现等待他的第一个难题并不是如何对雅虎中国进行整合，而是来自猎头公司此起彼伏的挖人电话。

形势比马云原来想象的要紧迫得多，本来马云认为自己一个人可以搞定的，所以阿里巴巴的那些高管们在出席雅虎员工的发布会以后很快就回杭州了。单枪匹马的马云面临着一个严峻的挑战。

那段时间，雅虎中国的很多员工都接到了猎头公司的电话，有的员工甚至一天接到好几个猎头电话。频繁出没的猎头公司使原本就军心不稳的雅虎中国更加人心动荡。马云形容当时的情形是："好像全世界的猎头公司这几天一下子都出现在雅虎了，为各种各样的公司来挖人"。

为了与猎头公司抗争，马云不停地跟雅虎中国的管理层及普通员工沟通、谈话，向他们描述新雅虎的美好；同时将阿里巴巴的 HR 副总裁邓康明从杭州调到北京，制订出的人员调整政策也颇费了苦心。

阿里巴巴制订出的人员调整计划是：给雅虎员工一个月的自由考虑期，在这段时间里，员工自主决定去留。对选择离开的员工，阿里巴巴给予丰厚的补偿，提供"N＋1"个月工资的离职补偿金。（注：N指员工在雅虎中国公司工作的年数。）留下的员工，原来的薪酬、岗位不变甚至提升，还会得到一定的阿里巴巴股权。

马云用了一个多月的时间完成了雅虎中国的人事整合。最后，雅虎中国的700多位员工，只有30人左右选择离开，高层团队全部留下了，离职率仅为4%左右，而在国际上，企业间的并购人才流失率一般在20%左右。在与猎头的这次较量中，马云赢得了胜利。

经过这次大规模挖人事件，马云对挖人的行为十分排斥。马云说："我们不但绝对不允许自己公司挖竞争对手的人，也不允许我们的猎头挖；同时也强烈地鄙视、排斥和谴责竞争对手挖我们的人。"而且，对于主动跳槽过来的人，"如果不是激烈竞争的对手，可以考虑一下；如果是激烈竞争的对手，绝对不会接收"。

马云举了一个例子来进一步说明："美国GE公司和西门子公司竞争很激烈。GE出来的员工认为'我再烂，我也不去西门子'；同样，西门子出来的员工也是如此。这是因为从GE出来的人如果进了西门子，当西门子这边的人问起你在GE那边是怎么做的时候，你说了，对不起GE那些曾经和你一起拼搏的兄弟和老板；你不说，又对不起现在的新同事。所以这些员工才坚决不去竞争对手那里。"马云认为这体现了一个人的职业道德，所以他说："我自己不愿意聘用一个经常在竞争者之间跳跃的人，或者从竞争对手那儿跑到我这里来的人。"

在另一方面，阿里巴巴也不会用高薪来诱惑人才、留住人才，因为"你想把别人绑住是绑不住的。绑得了人绑不了心，要的是他心甘情愿地留下"。

阿里巴巴独特的用人之道值得我们深思。

不能让雷锋穿补丁衣服上街

你的团队离开你的时候，你要想到一点：我们需要雷锋，但不能让雷锋穿补丁的衣服上街去，让他们跟你分享成功是很重要的！

——马云

任何人的成功都离不开企业和团队这样一个平台，从这个意义上说，成功其实是属于团队，是属于团队中的每一个人。对这一点，马云一直非常清楚。

2007 年，阿里巴巴在香港成功上市，一跃成为中国市值最大的互联网公司。对这次成功上市，马云将其归功于阿里巴巴的团队和阿里巴巴的运气。他说："成功绝对不是马云一个人的，几千人为此做出了很大的贡献，坚持了 8 年。中国整个互联网行业和产业中很多 B2B 和电子商务网站倒了下去。我们的时机很好，有时候运气也很重要。我们公司是一家运气很好的公司。我们的成功绝对不是因为我们勤奋，也不是因为我们聪明。当然我们也勤奋，我们也很聪明。但我们还要有运气，我们也付出过代价。当然今天还不能说成功，我们只是在一个新的台阶上。"

正是马云这种不居功、与大家分享成功的精神，才将阿里巴巴的团队紧紧地凝聚在一起，激励大家取得一个又一个成功。马云说："我永远记住自己是谁，是我的团队、我的同事把我变成英雄的，不是我把他们变成英雄的。我只不过是把人家的工作成果说说而已。我觉得特难为情的是，很多媒体把我同事所做的努力都加在我头上，让我有一种窃取别人功劳的感觉。"

所以说，懂得与团队中的其他成员分享成功是非常重要的。只有与团队成员分享成功，才会激励团队中的每一个成员发挥最大的潜能，使得团队取得更大的成功。要知道大家是共处一个价值链当中，一荣俱荣，一损俱损。

当然，对企业家来说，与团队成员分享成功，除了精神上的鼓励，也需要物质上的激励——也就是"不能让雷锋穿补丁的衣服上街"。因为物质激励也是对一个人工作价值的肯定。

从另一个方面来说，一个人只有在最基本的物质生活被满足了之后，才能够最大限度地发挥自身能力来追求自我价值的实现。如果一个人终日为明天的面包担忧，那必然会影响他对自我价值的追求。所以，我们需要"雷锋"，需要"雷锋"兢兢业业、奋发拼搏、忘我工作，那么我们就"不能让雷锋穿补丁的衣服上街"。

马云就是一直遵循与人分享成功的这么一个原则，他相信"钱散人聚，财聚人散"。早在创业初期，马云就将阿里巴巴的股份拿出来分散给创业团队的每个成员，后来随着公司的壮大，获得阿里巴巴股份的人越来越多。在阿里巴巴，创始人有股份，老员工有股份，空降的高管有股份，而马云自己在阿里巴巴的股份却不足5%！

除了用股份来激励员工，阿里巴巴还有一系列的生活福利，给员工子女报销医药费、给员工买意外伤害保险等等。另外，阿里巴巴每年有五分之一的财力是用来改善员工的办公环境，公司尽量给员工提供一个良好舒适的工作环境，创造快乐工作的物质条件。

因为马云明白，只有分享，才能共赢。他也将这种思想传递给《赢在中国》的选手："你很善良，很有激情，很幽默，也会讲很多的故事，但你的团队离开你的时候，你要想到一点，我们需要雷锋，但不能让雷锋穿补丁的衣服上街去，让他们跟你分享成功是很重要的！"

把钱存到员工身上

今天银行利息是 2 个百分点，如果把这些钱投在员工身上，让他们得到培训，那么员工创造的财富远远不止 2 个百分点！

——马云

在今天这样一个知识经济时代，给员工培训就是对企业最好的投资。海尔 CEO 张瑞敏就曾说过："没有培训的员工是负债，培训过的员工是资产。"同样，马云也认为："对阿里巴巴来讲，股权、钱都无法和人才相比。员工是公司最好的财富，有共同价值观和企业文化的员工是最大的财富。今天银行利息是 2 个百分点，如果把这些钱投在员工身上，让他们得到培训，那么员工创造的财富远远不止 2 个百分点！"

马云是这么说的，也是这么做的。为了让人才在阿里巴巴实现"增值"，阿里巴巴每年的培训费用高达几百万，而且这个投入比例还在继续增大。

首先是新人培训。在阿里巴巴，每一位新人都要参加企业文化方面的培训，任何人都躲不开，无论你是普通员工还是高层管理人员。当然，根据员工岗位和职位的不同，培训的内容也有所不同，普通员工是百年阿里、百年淘宝培训，销售人员则是百年诚信、百年大计培训。

培训时，新人们被分成三四十人的小班来上课，而不是所有的新人一起来上一堂大课。这样做的目的是为了让大家能够进行交流，虽然这要花费更多的时间。在培训方式上，采用上课、拓展、游戏等形式来使他们认识到价值观的重要性。培训期间，只要马云在杭州，他一定亲自来给新人们上课。

新员工一般要 1~3 个月的时间才能融入公司文化，所以，阿里巴巴还设置了

3 个月的"师傅带徒弟"和"HR 关怀期"。另外，新员工在入职 6~12 个月的期间，还可以"回炉"接受再培训。

另外，公司还有"阿里课堂""阿里夜校""管理培训"等许多培训，内容涉及方方面面。2004 年 9 月 10 日，阿里巴巴集团与杭州电子科技大学、英国亨利商学院联合成立了"阿里学院"，用来对客户和员工进行培训。"阿里学院"不仅拥有杭州电子科技大学、英国亨利商学院提供的教学资源，它还定期与沃顿商学院、伦敦商学院、哈佛商学院等世界知名商学院及国内的北大、清华等一流的高校互换教师和教育场所。

彭蕾曾这样形容："阿里巴巴没有任何责任和义务把某一个人培养成总监、副总裁，我们要做的就是不断把土壤弄得松软、肥沃。但是，只要你自己是一颗好种子，早晚都会生根、发芽、结果……"。正是阿里巴巴对员工培训的高度重视，给了"好种子"一片肥沃的土壤，使得员工成长的速度非常快。有用几年时间就从一名普通的销售人员成长为副总裁的，也有从宾馆大堂经理摇身一变而成"支付宝"副总经理的……

这样的人才成长奇迹，使马云自豪地对人说："在阿里巴巴工作 3 年就等于上了 3 年研究生，他将要带走的是脑袋而不是口袋。""因为 3 年内在阿里巴巴吃过各种苦，知道公司如何面对各种挫折，这才像真正从正规军校毕业的军官一样，经得住各种摔打。"他还对所有在阿里巴巴门口徘徊的人说："只要是人才我们都要。我们 2004 年在广告上没有花钱，但在培训上花了几百万元，我们觉得这将会给公司带来最大的回报。"

第七章

领导的艺术：
只有在逆境的时候，才是真正的领导力

领导力在顺境的时候，每个人都能表现出来；只有在逆境的时候，才是真正的领导力。

一个领导者首先是做正确的事，其次才是正确地做事，这个顺序不能颠倒。

连长以下的军官，不应该带望远镜。要是每个士兵都拿个望远镜，班长喊冲啊！士兵一看，啊，三挺机枪啊！还是撤吧。

很聪明的人需要一个傻瓜去领导，团队里都是科学家的时候，叫农民当领导是最好的，因为思考方向不一样，从不同的角度着手往往就会赢。

当你有一个傻瓜时，很傻的，你会很痛苦；你有 50 个傻瓜是最幸福的，吃饭、睡觉、上厕所排着队去；你有一个聪明人时，很带劲；你有 50 个聪明人实际上是最痛苦的，谁都不服谁。我在公司里的作用就像水泥，把许多优秀的人才黏合起来，使他们力气往一个地方使。

你作为一个 CEO，有 70% 的人相信你的时候，你已经很幸福了。因为这是个社会学概念，六个人中一定有人杰，七个人中一定有混蛋。你随便去抓七个人，一定有一个人是混蛋，六个人在一起的时候一定有一个是人杰。根据这样的比例，十个人中一定有三个人不同意你的意见，所以你的心胸要特别开阔。

不想当将军的士兵不是好士兵，但是做不好士兵的人永远当不了将军。

用领导者的个人魅力吸引人才

> 我的这些员工，也不是一个一个满世界去找来的，能让他们自己找到我，找到这家公司，就是本事之一。更重要的是，无论什么样的人到了我这里，出去之后都能成为独当一面的武林高手。这就是风清扬的魅力，风清扬的本事。
>
> ——马云

让我们来看看阿里巴巴几乎无可挑剔且令人艳羡的高层管理团队：

CEO（首席执行官）马云，阿里巴巴创始人。

CFO（首席财务官）蔡崇信，耶鲁大学法学硕士，曾任瑞典风险投资公司 InvestAB 的副总裁，1999 年放弃高薪高职加入刚刚创业的阿里巴巴。

CTO（首席技术官）吴炯，雅虎搜索引擎的首席设计师，曾获得美国授予的搜索引擎核心技术专利，2000 年加入阿里巴巴。

COO（首席运营官）关明生，在美国通用电气（GE）做了 16 年的高管，2001 年加入阿里巴巴。

雅虎中国总裁曾鸣，美国伊利诺斯大学国际商务及战略学博士，2006 年加入阿里巴巴集团。

在这个管理团队中，除了马云，其他人在加盟阿里巴巴之前在各自领域内都是重量级的精英人物。那究竟是什么使得这些"顶尖高手"纷纷聚集到马云身边，加入阿里巴巴呢？是阿里巴巴给出了更高的薪水吗？不，马云从不靠高薪招人。事实上这些精英人物在加盟阿里巴巴后的薪水都降了一大半。

蔡崇信加入阿里巴巴时，阿里巴巴还处于刚刚创业的阶段，条件非常艰苦。

那时蔡崇信在 InvestAB 公司不仅有很高的年薪收入，还有每年七位数的雅虎上市公司股权收入。在他说要加入阿里巴巴的时候，连马云都吓了一跳，感觉很不可思议。可蔡崇信毅然放弃了这些荣华富贵，加入到阿里巴巴，拿着每月 500 元的微薄薪水。吴炯也是，加入阿里巴巴后不仅工资降了一半，还失去了每年可观的雅虎股权分红。

不靠高薪，那马云靠什么吸引这些人才呢？靠的是马云独特的人格魅力和事业感召力。蔡崇信这么解释决定加入阿里巴巴的原因："这里有一些做事情的人，他们在做一件我觉得很有意思的事情，所以我就决定来了，如此而已。"吴炯也说："2000 年 5 月第一次回国，我顺道去看马云，发现马云的创业团队都挤在马云自己的房子里，所有参与创业的人都掏钱出来放到公司，每个月就拿基本生活费，而且没日没夜在干，这种使命感比雅虎当年有过之而无不及，所以我决定加入了。"

这就是马云谜一样的个人魅力。那些与马云打过交道的人这样形容他："你来了，你看到他了，你就被他征服了。"一位阿里巴巴元老则这样评价马云："他很幽默，让人愿意和他一起待着。什么事情经他一说，都变得生动起来了。"

马云凭借着独特的人格魅力，不仅将世界顶尖人才轻揽囊中，也吸引了众多优秀的人才加入阿里巴巴。他在招揽新员工时从不许诺高薪："我唯一能许诺的是四年的痛苦、委屈、不理解、难以沟通和失败的努力，那才是你们真正的财富。"

"阿里巴巴公司不承诺任何人加入阿里巴巴会升官发财，因为升官发财、股票这些东西都是你自己努力的结果，但是我会承诺你在我们公司一定会很倒霉、很冤枉、干得很好领导还是不喜欢你，这些东西我都能承诺。但是你经历这些后，你出去一定满怀信心，可以自己创业，可以在任何一家公司做好，你会想：'因为我连阿里巴巴都待过，还怕你这样的公司？'"

对自己吸引人才的魅力，马云也从不怀疑："我的这些员工，也不是一个一个满世界去找来的，能让他们自己找到我，找到这家公司，就是本事之一。更重要的是，无论什么样的人到了我这里，出去之后都能成为独当一面的武林高手。这就是风清扬的魅力，风清扬的本事。"

　　是的，这就是那个《福布斯》杂志形容的"颧骨深凹、头发卷曲、露齿欢笑、顽童模样、5 英尺高、100 磅重"的马云。他不靠高薪，不靠股权，就凭借自己独特的魅力和阿里巴巴与众不同的企业文化，将人才纷纷吸引到阿里巴巴这个团队中。马云说："因为我们都有梦想，他们也有梦想，我们想通过阿里巴巴实现共同的梦想。"

做个唐僧式的CEO

> 唐僧是一个能力一般的领导者，但他是一个好领导者，他有自己的
> 目标——取经，并一直坚信能够实现；孙悟空是个本领高强的业务骨干，
> 但缺点也很多，让领导者很为难；八戒业务能力有限，但忠心耿耿——
> 关键时刻保师傅；沙僧8小时工作制，到了点就挑担子。
>
> ——马云

在中国古典四大名著中，很多企业家更喜欢读《三国演义》。因为在他们看来《三国演义》中刘备团队是管理学中最好的团队。可马云却不这么看，马云更欣赏的是《西游记》中的唐僧师徒。这是为什么呢？让我们听听马云是怎么说的：

"许多人认为最好的团队是'刘、关、张、诸葛、赵'团队。关公武功那么高，又那么忠诚，刘备和张飞也有各自的任务，碰到诸葛亮，还有赵子龙，这样的团队是'千年等一回'，很难找。而我认为中国最好的团队是唐僧西天取经的团队。像唐僧这样的领导，什么都不要跟他说，他就是要取经。这样的领导没有什么魅力，也没有什么能力。孙悟空武功高强，品德也不错，但唯一遗憾的是脾气暴躁，单位有这样的人；猪八戒有些狡猾，没有他生活少了很多的情趣；沙和尚更多了，他不讲人生观、价值观等形而上学的东西，'这是我的工作'，八小时干完了活就去睡觉，这样的人单位里面也有很多很多。就是这样4个人，千辛万苦，取得了真经。这种团队是最好的团队，这样的企业才会成功。"

在一个企业当中，全是孙悟空，全是精英，那是取不了经的。"今天的阿里巴巴，我们不希望用精英团队。如果只是精英们在一起肯定做不好事情。我们都是平凡的人，平凡的人在一起做一些不平凡的事，这就是团队精神。我们每个人

都欣赏团队，这样才行。"

在马云看来，虽然刘备团队很完美，可是这种梦幻团队在现实中却是可遇而不可求的；唐僧师徒都是普通人，有各自的特点和缺点，但由于团队中成员优势互补，形成一个坚强的团队，最终能取得真经。马云认为这样的团队才具有现实意义，才是明星团队。

在唐僧的团队中，"唐僧是一个好领导，他知道孙悟空要管紧，所以要会念紧箍咒；猪八戒小毛病多，但不会犯大错，偶尔批评批评就可以；沙僧则需要经常鼓励一番。"马云希望自己就是那个将一群普通人带成明星团队的唐僧式领导人。当然，一个企业里只需要一个唐僧，"要是公司里的员工都像我这么能说，而且光说不干活，会非常可怕。我不懂电脑，销售也不在行，但是公司里有人懂就行了。"

马云认为，要做个唐僧式的 CEO 最重要的就是用人用长处，管人管到位，并学会放权。因为团队才是成长型企业必须突破的瓶颈。

马云在阿里巴巴改为集团公司后，就将旗下五家公司的具体业务交给了各子公司的负责人。对放权一事，马云这样说："以前我自己拿着斧头往前冲，到后来指挥下面的兵马往前冲；以前睡两三个小时，起来就往前冲，没有累的感觉，有的是精力。现在突然发现，精力、体力跟十年前不一样了，跟年轻人去拼，可能会像老将黄忠一样一刀被杀了。我们凭的是经验、胸怀和眼光。年轻人精力、体力、智力都比你强，他们可能干得更好。"

"我强迫自己和原先所谓的高层团队全部脱离，我觉得自己过渡得还可以。当然，我放手的时候，知道已经没有大问题。淘宝看不出来有人可以打败它，更看不出来有谁能在三五年内灭了阿里巴巴。"

马云，一个不懂 IT 的 IT 英雄

打造一个明星团队比拥有一个明星领导人更重要。

——马云

"马云，一个不懂 IT 的 IT 英雄，不通网络的网络精英。"他向人们证明了外行是可以领导内行的。

身为网络公司的 CEO，马云的电脑水平只能用很"菜"来形容。他只会用电脑干两件事：一是浏览网页，二是收发电子邮件。马云对自己不懂 IT，不通网络丝毫不在意。他为自己辩解说："毛主席还不会打枪呢，他却打下了一个伟大的新中国。"

在马云看来，"打造一个明星团队比拥有一个明星领导人更重要"。马云知道自己不懂，所以他对专家和技术人员一直是采取尊重和不干预的态度。

"不懂就是不懂，我对技术方面不懂，我今天也没有觉得很丢脸。"马云说，"正因为我不懂技术细节，而我的同事们都是世界级的互联网顶尖高手，所以我尊重他们，我很听他们的。他们说该这样做，我说好，你就这样去做吧！试想一下，如果我很懂技术，我就很可能说：那样没有这样好。我会天天跟他吵架，吵技术问题，而没有时间去思考发展问题。"

一个网络公司离不开技术，对于这点马云十分清楚，所以马云对技术人员一直很宽容，还给他们特殊政策和特殊待遇。虽然技术很重要，但技术不是第一位的。马云认为技术是为人服务的，如果人为技术服务，那就是为技术而技术。

正因为马云要求技术要为人服务，所以他要求阿里巴巴的技术要非常简单，一点就能找到想要的东西。在阿里巴巴的每一款新产品推向市场之前，都要经过

马云的"测试"。只要马云不会用，都要被打回重新做。

　　"有一段时间我就像公司里的技术检查员，有时候技术人员做出一样东西后说这样东西非常好，我一看我不会用，我就说85％的人都不会用，因为我不会用，所以85％的人不会用，如果我会用这东西还可以拿出去。我相信技术是为人服务的，而不是人为技术服务，如果人为技术服务的话，这家公司可能真的是要走下坡路。我确实不是很懂技术方面的事，我不懂，但是我去听别人的，去跟别人沟通，去了解，去尊重别人。另外不懂的人往往想出来的东西是比较朴素的。很多时候需要一些不懂的人在公司里面，但是不懂的人不要装懂，不懂的人装懂的时候也是很倒霉的。"

　　龙永图在参加央视《对话》节目时如此评价马云："外行的确是可以领导内行的，但前提是要尊重内行，如果自己不懂又没有自知之明，那就麻烦了，马云在这方面做得非常到位！"

永远相信身边的人比你更聪明

一个领导者和经理人的区别是，优秀的领导者善于看到别人的长处，经理人往往看到别人的短处。永远要相信边上的人比你聪明，一个相信边上的人比你聪明的人，才是真正的智慧者；相信自己比别人聪明，麻烦就会来。

——马云

作为企业领导，一个重要职能就是要善于发现员工的潜力并将它充分调动出来。"每个人都有潜力，关键是领导者找出这个潜力。"员工的潜力挖掘了多少，正体现领导者的领导水平。马云认为："一个领导者和经理人的区别是，优秀的领导者善于看到别人的长处，经理人往往看到别人的短处。永远要相信边上的人比你聪明，一个相信边上的人比你聪明的人，才是真正的智慧者；相信自己比别人聪明，麻烦就会来。"

找到能够取代自己、超过自己的人，是领导者的责任。"如果没有人能取代你，你永远不会升职。只有下面人超过你，你才是一个领导。"

马云这样对阿里巴巴的管理团队说："出去6个月，你找不到替代的人，说明你招人有问题；6个月你找不到人说明你不会用人。"在马云看来，"如果你找不到，问题一定在你，你的眼光有问题，你的胸怀有问题，可能你的实力也有问题。"

在阿里巴巴，对内部人才的挖掘和培养，一直是马云的重点。马云花了很多钱在员工培训上，使员工更快地成长。他认为称自己为"首席教育官"更合适。"教书的经历让我受益匪浅。作为一个老师，我总是希望我的学生比我优秀。所以作为一个首席执行官，我称自己是'首席教育官'。我总是希望我的团队成员比我强大。做首席执行官是个艰难的工作，我希望尽快有人能替代我。我的职责是招募新人，让他们能够成为我的继任者。让公司能继续运营80年，那是我的工作。"

"我把互联网比作是400米接力赛，我只是跑第一棒的人，我要尽心尽力跑好第一棒，我把这一棒很快地交给接班人，让他继续跑下去。不是我怕继续跑下去，而是我继续跑下去会害了这个公司，年轻人永远比我聪明，机会一定是他们的。没有一个人可以跑两棒，一个人只能跑一棒。"

有什么经验、错误，马云也很愿意跟大家交流、分享。他说："中国人讲究含蓄，有能力也把自己藏起来；西方人有一点能力，他就要全天下人都知道。我刚好介于中间，我愿意真诚待人，有，我就说；否则，就说我不知道。"

第八章

资本运作：
如果一开始想到卖，你可能就走偏了

建一个公司的时候要考虑有好的
价值才卖。如果一开始想到卖，你的
路可能就走偏了。

我们需要的不是风险投资，不是赌徒，而是策略投资者，他们应该对我们有长远的信心，20 年 30 年都不会卖。两三年后就想套现获利的，那是投机者，我是不敢拿这种钱的。

我并不看重钱，我看重钱背后的东西，我看重这个风险资金能够给我们带来除了钱以外的东西，这是我最关注的。

我一直认为不管做任何事，脑子里不能有功利心。一个人脑子里想的是钱的时候，眼睛里全是人民币、港币、美元，还会从嘴巴里喷出来，人家一看就不愿意跟你合作。

因为我今天花的钱是风险投资者的钱，我必须对他们负责，我知道花别人的钱要比花自己的钱更加痛苦，所以我要一点一滴地把事情做好，这是最重要的。

在阿里巴巴，客户第一，员工第二，投资者只是"娘舅"。

对现在的阿里巴巴来讲，在不需要钱的情况下，私募比上市要好，因为完整上市是一个自然的过程。这不是我们的目标，更不要成为我们的一个结果，否则就乱套了，为了上市而上市。

投资者最怕的是你问他要钱，最希望看到的是你不要钱，他给你钱。所有的投资者都一样：你赚钱了，他天天盯着你；你不赚钱，你要钱，他跑得比谁都快。

投机者的钱是不敢拿的

> 我们需要的不是风险投资、不是赌徒，而是策略投资者，他们应该
> 对我们有长远的信心，20 年 30 年都不会卖。两三年后就想套现获利的，
> 那是投机者，我是不敢拿这种钱的。
>
> ——马云

对企业家来说，选择风险投资和投资人是要经过慎重考虑的。如果错选了一些唯利是图、只以"套现"为目标的风险投资，对企业的发展与壮大会带来很大的制约与风险。

投资、融资本就是一个双向选择的过程，即使一个企业在资金上已到了山穷水尽的地步，也不能盲目寻找投资。因为一些不好的风险资金，比如说和企业发展不太切合的风险投资，可能会毁掉一个优秀的企业。对于这一点，马云心里非常清楚，因而，他对挑选风险资金是非常挑剔的。

湖畔花园创业四五个月后，钱已经是阿里巴巴能否生存下去的核心问题。因为创业初期伙伴们凑的 50 万资金对互联网公司来说，只是杯水车薪，没几个月就所剩无几了。到 1999 年 7 月，马云甚至困窘到需要借钱来给团队成员发工资。不过，已经快没钱的马云似乎并没有把资本看得很重。到公司资金见底的前一个月，他说："没钱下月工资不发，作为股本增资。钱是会有的，是我们要不要的问题。"

在阿里巴巴最困难的时候，也是互联网最为疯狂的时候。马云为吸引融资四处游说，阿里巴巴的员工经常会接到投资商打来的电话。在面对纷至沓来的风险投资者时，虽然马云此刻很缺钱，但他一点也没有放宽对投资者的要求。

　　第一个来找马云合作的是浙江一家民营企业的老板。那个老板开门见山地对马云提出合作要求：我给你 100 万，你每年给我 10% 的利润，也就是说明年你要还我 110 万。马云回答他说："您真是比银行还黑！"对于这种风险投资，马云是不会接受的，他自己也说："我挑剔风险资金的程度绝对不亚于风险资金挑剔项目，我可能比它们还过分一点。"

　　从下面阿里巴巴副总裁彭蕾回忆的一件事中，我们也可以看出他的这种融资观念。

　　1999 年的一天，马云接了个电话后，就叫上当时主管财务的彭蕾和他一起出去一趟。到了外面彭蕾才知道，马云和她是要去见投资人。他们到了投资人入住的杭州世贸饭店，例行的寒暄过后，很快进入了实质性的谈判阶段。在彭蕾看来，对方的条件还可以，而且当时阿里巴巴的账上已经没有钱了，这上百万美元的投资非常具有诱惑力。但是，马云却不满意投资人提出的股份比例，他对投资经理说："我们要出去走走。"

　　马云和彭蕾出了世贸饭店，走在楼下的人行道上。走了好一会儿后，马云回去对投资经理说："我们认为阿里巴巴的总价值是我们所认为的那个，你们的看法与我们差距太大，所以看来我们无法合作。"就这样拒绝了对方的投资。彭蕾还记得谈判结束后，对方有个人还特别遗憾地对他们说："你们错过了一个机会。"

　　一个连员工的工资几乎都发不出的 CEO，何以对风险投资如此挑剔呢？

　　用马云自己的话来解释就是："我们需要的不是风险投资、不是赌徒，而是策略投资者，他们应该对我们有长远的信心，20 年 30 年都不会卖。两三年后就想套现获利的，那是投机者，我是不敢拿这种钱的。"为此，马云至少拒绝过 38 家投资商。

　　在马云看来，有这样两种投资是最不能接受的："一种是他天天看着你，你动一步他就要管你；还有一种就是他管都不管你。"那些管得太严的投资商，往往带有很强的功利心。对这类投资者，马云认为"不如他们自己来做算了，还要我这个 CEO 干吗？"而那些从来不管的投资商，则是"把鸡蛋压在篮子里面，投了十几个二十几个项目，根本就不关心你"。

从阿里巴巴早期寻找投资的经历中我们可以看出：创业初期的苛刻并非一件坏事，创业者绝不能因为财务上暂时的紧张而无形之中让自己处于一个弱者的地位。

看重投资者的品牌力

> 我并不看重钱，我看重钱背后的东西，我看重这个风险资金能够给
> 我们带来除了钱以外的东西，这是我最关注的。
>
> ——马云

在选择风险投资商的时候，马云更看重的是资金以外的东西，比如说进一步的风险投资，比如说更多的海外资源。马云曾这么描述过他内心对风险投资的要求："我并不看重钱，我看重钱背后的东西，我看重这个风险资金能够给我们带来除了钱以外的东西，这是我最关注的。而且风险资金到底能够帮助我们什么，它是不是有这样的能力，是不是有这样的人专门为我们服务，这个我也很关心。"

正是马云对投资商颇高的要求，使得他在拒绝了 38 家风险投资商后，才接受阿里巴巴的第一笔风险投资——高盛基金注入的高达 500 万美元的投资。

说到高盛基金，我们要提到一个关键的人物，没有他的出现，可能就没有后来高盛的风险投资。这个人就是阿里巴巴的 CFO（首席财务官）——蔡崇信。

关于蔡崇信加盟阿里巴巴的故事，有很强的传奇色彩。

蔡崇信在加盟阿里巴巴之前是瑞典 InvestAB 公司的副总裁，拿着每年 7 位数雅虎股权收入的投资界知名人士。最初，蔡崇信是因为要对阿里巴巴投资，而代表公司对它进行考察。但是，在与阿里巴巴项目交流合作的过程中，蔡崇信对马云及他团队的工作能力有深刻感受后，立即作出了一个令人"匪夷所思"的决定——辞去 InvestAB 公司的副总裁职务，加入马云的阿里巴巴。于是这个年收入数十万元的经理人一转身成为阿里巴巴月收入 500 元的员工。

蔡崇信的加盟轰动了 InvestAB 高层，并引起了香港投资界很大的震动。他

的加入，使大家确信阿里巴巴是一家值得投资的公司。

蔡崇信加入阿里巴巴后，就和马云为阿里巴巴找寻合适的风险投资商而四处奔波。虽然 1999 年正是互联网最热的时候，对网络公司的投资也很多，但由于他们俩对风险投资商都有较高的要求，能够让他们中意的投资商并不多。

1999 年 8 月的一天，蔡崇信与一位老朋友的偶然相遇，给阿里巴巴带来了第一笔"天使基金"。

当时蔡崇信正在香港和一家投资商接触，在一间酒店的走廊里碰到了一位老朋友——时任高盛公司香港区投资经理的林小姐。

林小姐是蔡崇信在学生时代认识的，那时蔡崇信还在哈佛大学读书。他们是在一次从美国飞往台湾的飞机上认识的。因为他们二人同在投资银行工作，也算是同行，联系就这样一直保持了下来。

寒暄之后，蔡崇信得知高盛有意对互联网进行投资。于是蔡崇信便问林小姐，有没有可能对阿里巴巴这样的公司进行投资。林小姐爽快地答应派人前去考察。

由于高盛基金在这之前一向感兴趣的是传统产业，因此，阿里巴巴能否获得高盛的投资，胜算并不大。在林小姐的引荐下，不久，高盛公司便派人实地考察了阿里巴巴。

高盛派人考察之后，对阿里巴巴比较满意，于是就和阿里巴巴谈起了条件。他们很快给阿里巴巴发了一份传真，传真中提出了一些高盛公司投资"阿里巴巴"的具体条件。虽然当时高盛公司开出的条件比他们正在接触的投资商苛刻，但是，考虑到高盛公司的国际背景和在投资界的地位，马云最终还是决定与高盛公司合作。

对高盛公司的投资，蔡崇信是这么说的："说实话，当时阿里巴巴对投资人的谈判余地比较小。虽然互联网热，但当时我们没钱是个大问题，没有办法对高盛公司的投资条件进行讨价还价。到后来第二轮融资的时候，我们手里还有很多钱，谈判的余地就大了很多。当时高盛公司的要求比我们正在谈的那家投资人的要求来得苛刻，但马云和我商量之后还是决定要高盛公司的钱。因为，一方面它是美国有名的投资公司，可能会对我们未来开拓美国市场有些帮助；另外它的规模大，看事情比较长远。我们大概商量了十多分钟，就把这个事情定下了。"

蔡崇信的一番话，道出了马云为什么选择与开出的条件并不是最好，而且比较苛刻的高盛基金合作。高盛公司的知名度和它长远的战略眼光，对阿里巴巴将来开拓海外市场、长远的战略规划都有着更大的优势。马云的视线是集中在了高盛基金呼风唤雨的能力，还有它极强的市场号召力上。他看重的其实是高盛这个投资品牌。

1999 年 10 月 26 日，阿里巴巴与高盛（GoldmanSachs）、富达投资(FidelityCapital)、新加坡政府科技发展基金、InvestAB 等机构正式签署投资协议，接受这些投资机构向阿里巴巴注入的首轮高达 500 万美元的风险投资。这在当时是轰动一时的特大新闻。融资结束后，马云于 10 月 27 日在香港正式宣布推出阿里巴巴。

在替阿里巴巴寻找投资的过程中，马云切实体会到："找投资者的过程比找老婆还难，一定要小心，不要光找漂亮的，关键是她要跟你同甘共苦，在最困难的时候她说我跟你一起奋斗，这是最最重要的。"

另外，马云还告诫创业者："我一直认为不管做任何事，脑子里不能有功利心。一个人脑子里想的是钱的时候，眼睛里全是人民币、港币、美元，还会从嘴巴里喷出来，人家一看就不愿意跟你合作。"

吸引股东，靠魅力更靠实力

　　我相信孙正义喜欢我，所有的投资者喜欢我，是因为我脑子里想做成一件事，这件事的结果一定会带来更多钱，他们看见的是我这个眼神。全世界有钱的人很多，但全世界能做成阿里巴巴的并不多。这是我们的信心所在。

　　当然，光有好的东西还不够，还要把它推销出去，这就涉及一个人的沟通能力。所以，沟通能力对一个想成功的年轻人很重要，也有一些技巧性的东西。

——马云

　　对任何一家公司、企业来说，资金都是非常重要的一环。一次成功的融资，可以让处于困境中的企业走出泥沼；可以让成长中的企业迅速发展壮大。因此，寻找投资，寻找好的风险投资商，是摆在每个创业者面前的难题。

　　由于互联网行业的特殊性——它能够在三四年的时间内做出传统企业三四十年才能做到的事情，同时，它也必将面对传统企业在三四十年里才能碰到的难题。因此，风险资本商的雄厚财力和丰富的管理经验对网络公司的重要性更是不言而喻。

　　在数不胜数的网络公司中，马云的阿里巴巴获得了众多投资商的青睐——先是高盛"天使基金"注入，后与软银公司"一见钟情"。说到风险投资对阿里巴巴的青睐，一方面靠的是马云个人的演讲魅力，另一方面当然还是要靠阿里巴巴的实力。

　　马云那极具煽动性的口才和演讲魅力是众所周知的，他与软银公司总裁孙正义第一次会面的那 6 分钟，就为阿里巴巴引入了 2000 万美元的投资，堪称"最经典的 6 分钟"。

1999 年夏末，摩根·斯坦利亚洲公司的资深分析师古塔给马云发了封电子邮件。在邮件中古塔告诉马云，有个人"想和你秘密见个面，这个人对你非常有用"。于是马云飞到北京前往富华大厦赴约，这天正是以高盛公司为主的"天使基金"到位的第二天。

去之前，马云并不知道他要跟谁见面。见面才知，那人正是大名鼎鼎的互联网投资"皇帝"——雅虎最大的股东孙正义！而且，这次秘密约会也不是马云想象中的两人会谈，而是一场规模比较大的项目评介会。

这里我们要简单地说一下孙正义的来历。

孙正义，韩裔日本人，1957 年 8 月 11 日出生，父母在日本经营小生意。小时候的孙正义生活条件非常艰苦，父亲却一直鼓励他说："你是个天才。"高中时全家迁居至美国加州，聪颖的他考进加州柏克莱大学，主修经济。后来，孙正义回到日本创建了软银公司，后发展为软银集团，现在是该集团的董事长。孙正义在 43 岁的时候成为亚洲首富，被誉为"日本的比尔·盖茨"。他用不到 20 年的时间，创建了一个无人能媲美的互联网产业帝国。

现在让我们回到马云与孙正义经典的第一次会面。

当时在一大批等待风险投资的中国互联网公司的头目们中间，马云只是一个小角色。因为来访的人甚多，孙正义只能给每人 20 分钟演讲时间。看到这样的情况，马云自述他对这次见面没抱多大兴趣，但他还是耐心地等到陈述阿里巴巴情况的时刻。当投影仪在墙幕上调出阿里巴巴网站时，马云站起来开始演讲，说明阿里巴巴为何物，介绍阿里巴巴未来的发展取向。

马云仅仅讲了 6 分钟，就被孙正义叫停了。马云回忆当时的情景说："原来我大概要讲十分钟左右，可是估计我讲到 6 分钟的时候，孙正义就从长桌子的那一头走过来对我说，他要投资我的公司。"

孙正义在表示了他对阿里巴巴的投资意向后，问马云需要多少资金。然而，马云的回答令人十分吃惊："我昨天刚拿到钱，不用你的钱，我们可以探讨一下网络的发展方向。"孙正义反问道："不缺钱，你来找我干什么？"马云说："又不是我要找你，是别人叫我来见你的。"临走时，孙正义请马云一定要去日本和他详谈。

马云回到杭州后，与蔡崇信细谈了此事。蔡崇信对这件事不太积极，说道："我们不用过去，我们现在还不缺钱。"马云说："孙正义敲门，这事一定要办，我们一定要和孙正义合作。"当时蔡崇信几乎是被马云拉着去东京见孙正义的。他们两个提前已经商量好，由马云唱红脸，蔡崇信唱白脸。

出乎意料的是孙正义一见面并没有客气地寒暄，而是直奔主题，他说出的第一句话是："我们要投资，我们要怎么谈？"很快双方进入了主题，开始了投资金额的谈判。

要知道"对孙正义说'不'是需要勇气的"，可是马云和蔡崇信却拒绝了孙正义三次的报价。第四次报价，软银方面报出的投资数额才落到马云和蔡崇信商量好的可接受范围之内。于是双方达成一致，资金的总额是3000万美元。回国后，马云觉得3000万太多，只要了软银2000万美元。2000年1月，软银正式与阿里巴巴签约。

获得软银的投资，对阿里巴巴来说是具有战略意义的一步，同时也帮助阿里巴巴拓展了业务。后来，不少被软银拒绝的B2B创业者追问软银中华基金首席代表石明春："我们是实实在在想做事的人，而马云靠的就是一张嘴，为何你们把资金投给阿里巴巴，而不投给我们？"石明春对大家说："是因为马云杰出的煽动力征服了我的大老板孙正义。"

大家都很好奇，在那6分钟里，马云究竟说了些什么，能够让孙正义在如此短的时间内做出投资阿里巴巴的决定。可惜这些现在没人知道了，就是马云本人也不记得当时都说了些什么。不过马云说孙正义就是那种很聪明的人，"我跟他一讲他就听懂了"，而且每次说话都是"我要怎么样、怎么样的，这一点跟我脾气蛮像的"。

我们还可以从孙正义评价马云的话中看出些原因，他说："我在选择投资对象的时候，看中的并不是对方有多少钱、多少人手，而是看企业领导者的气质，比如我当初在马云身上就看到和杨致远类似的气质。"后来，孙正义见到马云的时候，也经常这样说："马云，保持你独特的领导气质，这是我为你投资最重要的原因。"

创业者的个人魅力和他所领导的团队固然是吸引投资中很重要的一点，但我想更重要的还应该是阿里巴巴的实力，以及阿里巴巴的未来。正如马云说的那样："如果你没有实实在在的好东西，或好的产品，投资人有那么好糊弄吗？花里胡哨是骗他们不来的！虽然我只讲了 6 分钟，孙正义就决心要投资，但那 6 分钟背后是我们独创的发展方向和 6 个多月没日没夜的艰辛努力。从某种程度来讲，孙正义投资阿里巴巴，不是我想说服他，而是他想说服我，因为他看到了我们阿里巴巴是个实实在在的好产品。"

对于自己和阿里巴巴，马云非常自信，他说："我相信孙正义喜欢我，所有的投资者喜欢我，是因为我脑子里想做成一件事，这件事的结果一定会带来更多钱，他们看见的是我这个眼神。全世界有钱的人很多，但全世界能做成阿里巴巴的并不多。这是我们的信心所在。"

当然对孙正义来说，他选择马云和阿里巴巴也没有让他失望。阿里巴巴用行动证明了 B2B 模式的正确和可行。

钱太多会坏事

阿里巴巴能够走到今天，有一个重要因素就是我们没有钱，很多人失败就是因为太有钱了。以前我们没钱时，每花一分钱我们都认认真真考虑；现在我们有钱了，还是像没钱时一样花钱。

——马云

对于资本，很多人认为越多越好，马云的看法却异于常人。他认为，企业需要的只是足够的钱，拥有太多的钱也就失去了价值，反而会坏事。为此，马云甚至拒绝了软银过多的投资。让我们来看看这是怎么一回事。

马云和蔡崇信在日本跟孙正义经过艰苦的谈判后，双方终于达成一致，阿里巴巴将获得软银 3000 万美元的投资资金。

初步谈妥之后，马云和蔡崇信一起离开东京回到杭州。随即，阿里巴巴召开了一次董事会。在这次董事会上，马云和董事们经过一番讨论之后发现：如果按 3000 万美元来计算孙正义的股份，那软银所占阿里巴巴的股份就太多了，这将导致股东结构的不平衡。而马云一贯坚持的原则是——不允许任何机构和自然人控股阿里巴巴。

董事会一结束，马云就立即拨通了孙正义助手的电话，对孙正义的助手说："我们只需要足够的钱，2000 万美元，太多的钱会坏事。"听到这番话，孙正义的助手立刻跳了起来。在他看来，这简直就是一件不可思议的事情——谁会嫌软银给的投资太多？

于是，马云立即给孙正义发了一封电子邮件。在这封电子邮件中，马云除了告诉孙正义投资金额要减少到 2000 万美元，同时提出希望孙正义本人要担任阿里巴巴的董事。他说："希望与孙正义先生手牵手共同闯荡互联网……如果没有缘分合作，那么我们还会是很好的朋友。"

关于投资金额的问题，孙正义同意了。但是，要他担任阿里巴巴董事这件事，孙正义说："我从来不做我投资公司的董事，你们知道我会很忙，没有时间经常参加你们的董事会，而你们新创公司是每个月必须开一次董事会，我如果是董事却不参加，那是对其他董事的不尊重。"马云又提出："那至少也要当个阿里巴巴的顾问吧！"这对孙正义来说也是一个破例，但他最终还是同意了。孙正义在给马云的回复上说："谢谢您给了我一个商业机会。我们一定会使阿里巴巴名扬世界，变成像雅虎一样的网站。""我想这是他（孙正义）投资经历中让步最多的一次"，蔡崇信说。

就这样，孙正义同意了马云的要求，阿里巴巴管理团队仍然绝对控股。2000年1月18日，双方正式签约，软银向阿里巴巴网站投资2000万美元以拓展其全球业务，同时在日本和韩国建立合资企业。

到手的钱不要，可能很多人都无法理解。让我们来听听马云是怎么说的。马云说："是的，我在赌博，但我只赌自己有把握的事。尽管我以前控制的团队不超过60人，掌握的钱最多只有200万美元，但2000万美元我也管得了，太多的钱就失去了价值，对企业是不利的，所以我不得不反悔。"

"很多人犯错误不是因为没有钱，而是因为有太多的钱，不知道应该干什么。"也许这就是马云阐述钱太多会坏事的最好理由了。他还认为"阿里巴巴能够走到今天，有一个重要因素就是我们没有钱"，"正是因为没有钱，所以才要让每一分钱都在脑子里花，每一分钱都花得物有所值"。

对马云来说，没有小钱与大钱的区别，只有勤俭节约与铺张浪费的区别。现在阿里巴巴有钱了，他还是像没钱时一样花钱。他认为，融资的目的不是学习花钱，而是要学习怎样花钱来做事。

小钱也是钱，节省每一分应该节省的钱，让每一分钱都花得有价值。正是这种对钱的价值的尊重，对金钱的清醒认识，才能让资金发挥最大的价值。马云这种对钱的观点，值得每一个创业的人学习。

花别人的钱要比花自己的钱更加痛苦

> 因为我今天花的钱是风险投资商的钱，我必须对他们负责，我知道花别人的钱要比花自己的钱更加痛苦，所以我要一点一滴地把事情做好，这是最重要的。
>
> ——马云

可能很多人认为，大公司财大气粗，不必像小公司那样为资金犯愁，精打细算地过日子。正相反，很多成功的企业都非常看重每一分钱，尽量让每一分钱都发挥出它应有的价值。阿里巴巴也是如此：勤俭持家是马云的作风，艰苦奋斗则一直是阿里巴巴的优良传统。

创业之初的艰苦，养成了阿里巴巴网站"小气""吝啬"的风格。团队的每个人都恨不得把一分钱掰成两半用，总是用最少的钱办最多的事。那个时候，如果需要外出办事，近距离的，就发扬"出门基本靠走"的精神，只有迫不得已的时候，才会打车。对于那段艰苦岁月，马云还回忆了这么一个镜头："刚刚创业的时候，我们几乎不打出租车。有一次我们必须打车，一辆桑塔纳车过来，所有人的头都转过去了，一看夏利车过来，马上把手招过去，就因为桑塔纳车比夏利车每公里贵一块多钱。"

尽管后来阿里巴巴有了高盛、软银等机构的大笔投资资金，可马云和他带领的阿里巴巴依然像往常一样"吝啬"。阿里巴巴的一位创业元老回忆说："拿到风险投资后我们确实涨了一次工资，从创业时候的500元钱涨到了1000元出头。当时我们高兴的是，终于不用花自己的积蓄过日子了。"

马云明白：投资者给你钱的时候，记住有一天你一定要还他，这是做人的品质。所以，"花投资者的钱得非常小心，要对投资者负责。"即便到现在，就是5分钱的复印纸，在阿里巴巴也要自觉投币。

在阿里巴巴办公室门口的复印机上放着一个储蓄罐，而复印机背后的墙上贴着"公司复印机使用详细规定和说明"的一张公告。规定中的内容大致有这么几条：个人因私复印每张5分，请自觉投币；复印公司内部文件要双面使用；复印数量多于150份的要交由前台处理。

阿里巴巴以这样的"小气"而感到骄傲。马云认为：因为我今天花的钱是风险投资商的钱，我必须对他们负责，我知道花别人的钱要比花自己的钱更加痛苦，所以我要一点一滴地把事情做好，这是最重要的。他还一再强调："阿里巴巴永远坚持一个原则：我们花的是投资人的钱，所以要特别小心。如果今天花的是自己的钱，可以大手大脚。雅虎是今天世界上最'小气'的公司。而我们每天考虑的也是如何花最少的钱，去做最有效果的事情。"

马云对风险投资的这种态度，是为投资者所称道的。

投资者只是"娘舅"

> 在阿里巴巴，客户第一，员工第二，投资者只是"娘舅"。
>
> ——马云

风险投资商的投资金额决定了互联网的发展速度，因此在投资者面前，网络公司都会把他们看作是衣食父母，可马云宣称，客户才是阿里巴巴的父母，投资者只是"娘舅"。

马云认为，正是有那么多会员的支持，才有阿里巴巴的成功，"客户永远是第一位的"。所以，马云每一次见客户的时候，都想听听客户的声音。但是，他最怕见的人也是客户，他说："阿里巴巴在开始融资的时候，我就曾对投资者说过，客户才是阿里巴巴的父母，投资者只是我们的'娘舅'。所以每次我和投资者在一起时是最轻松的，就像小孩见舅舅一样，但是见到客户时压力最大，就怕他们抱怨赚不到钱。"

既然阿里巴巴将客户摆在第一位，投资者只是"娘舅"，那阿里巴巴和投资者的关系又如何呢？对这个问题，马云回答说："阿里巴巴和'娘舅'的关系处理得很好，每一次的股东大会，也是越开越短。"有人不禁要问，马云是如何做到这样的呢？从下面我们节选的马云演讲稿中，便可窥见一斑：

"以前反日情绪非常激烈的时候（有人）问软银跟我们什么关系，我觉得没有关系，孙正义要是控制得了马云，那我就不是马云了。其实孙正义（在阿里巴巴）股份是很少的，我们之间永远明白这个道理。我上次讲过这个理论，我是阿里巴巴的家长，投资者是'娘舅'，他只是给一点钱，可以说阿里巴巴这个手术台上我是医生，我自己开刀，所有的投资者都是护士，我要刀他给我刀，都是我决定，任何人都是我的助手。"

　　同样在说到投资者控股的问题上，马云是不会让任何人控股阿里巴巴的。早在阿里巴巴收购雅虎中国的时候，雅虎用10亿美元的资金投资阿里巴巴，占了40%的股份后，阿里巴巴仍未被控股。在控股的原则上，马云从不让步，他发表声明说：

　　"事实上收购雅虎是我们自己提出的整个模式，我们收购了雅虎，雅虎又在我们的总部占40%的股份、35%的投票权。这个想法是我们自己独创的，华尔街没有这样的模式，全世界也没听说可以这样收购。为什么这么做呢？

　　第一，电子商务在中国的发展必须有搜索引擎这样的工具，我们考察了大批搜索引擎后发现只有雅虎合适。一般合作伙伴要选择犯过错误又很聪明的人，所以我们选择好就和雅虎谈了。

　　第二，必须给雅虎面子，我们就想了一个办法：我们收购雅虎中国，而你在阿里巴巴总部必须拥有一些股份，但以这个股份又不能控股阿里巴巴，永远不能控股阿里巴巴，也不能操纵阿里巴巴。因为从我们这个公司成立的第一天起，我们的使命就是使阿里巴巴成为在中国诞生并由中国人创办的世界级公司。因为这个使命，我们股份控制的结构必须改变，不能让任何人控一股，所以我们从第一天起就控制这样的事情发生。所以当大家猜测是孙正义控股还是杨致远控股的时候，我很负责地告诉大家，我不会让任何人控股这家公司，这家公司是中国人在市场经济下创办，并向全世界发展的。所以我们的结构非常巧妙。

　　做整个收购，获得了雅虎投入的全世界看起来不可思议的10亿美元，还有折合7亿美元的雅虎中国的所有资产、所有品牌和技术，这是去年世界上最大的收购案。我们没有聘用顾问公司，因为我们不相信顾问公司。这些公司说的、写的全都对，干起来全是错的。我们也没有请投资银行，我们觉得对就做下去，做一切对的事情。如果加上投资银行这个事情会变得很复杂，所以我们快速地做了这个决定。给了雅虎面子，同时在整个组织结构里面不让任何人控股这家公司。"

　　有记者通过马云收购雅虎中国的事访问他"如何处理公司控股权"的高端问题，马云也做出了客观巧妙的回答：

"投资者可以炒我们，我们当然也可以换投资者，这个世界上的投资者多得很。关于这个问题，我希望给中国所有的创业者一个声音，投资者是跟着优秀的企业家走的，而企业家不能跟着投资者走。所以，即使我只有百分之几的股权，甚至我只有一股或者是两股，我觉得这个公司我还是可以影响的。"

马云说他的回答是依据阿里巴巴团队内部倒金字塔的定位，他说："在公司的经营结构图上，第一层是客户、第二层是一线员工、第三层是中级主管、最底层才是CEO。"而对于员工、客户与股东三者的关系，他是这么处理的："对股东，我尊重他们，我倾听他们，但我会按照自己的想法做；对员工，我倾听，但我会按照我认为对的去做；对于客户，大部分我是跟着客户去走的。客户第一、员工第二、股东第三，上市后我还是如此，不会因为股市改变方向。美国，杨致远为主；日本，孙正义为主；中国，我为主。这是大家合作的基础，我们是伙伴关系。八年来，我问过所有的投资者，哪个季度让他们失望过？哪个季度我没说到做到？我们每年做的都比说的好！"

这就是为什么投资者虽然没有掌握控股权，却都认为马云和他的阿里巴巴是一流的投资对象。软银的孙正义就曾经说过："阿里巴巴是来自中国最具震撼性的互联网成功的典范之一，其强大有效的营运模式和优秀的管理人才使公司在市场中成为企业与企业间(B2B)贸易的先导。我们与阿里巴巴的合作是重要的战略性举措，我深信阿里巴巴将能凭着软银的全球资源和本地市场经验，体现其领导全球企业与企业间电子商务市场的潜质。"

不能为了上市而上市

> "阿里巴巴希望持续经营，上市套现不是阿里巴巴的目的。"
>
> "对现在的阿里巴巴来讲，在不需要钱的情况下，私募比上市要好，因为完整上市是一个自然的过程，这不是我们的目标，更不要成为我们的一个结果，否则就乱套了，为了上市而上市。"
>
> ——马云

吸纳风险资金、上市、圈钱、分红，几乎所有中国互联网企业都是这么做的。但马云对企业上市有着自己的看法，他认为不能为了上市而上市，因为"阿里巴巴希望持续经营，上市套现不是阿里巴巴的目的"。所以，直到 2007 年 7 月，马云才将阿里巴巴旗下的 B2B 业务启动上市。

从 1999 年阿里巴巴成立到它上市前，阿里巴巴其实有很多次上市的机会，但马云都放弃了。在互联网公司纷纷追逐资本的时候，马云仍然保持着他清醒的头脑。他不是不愿意上市，而是在找更合适的机会。因为马云觉得"我们是'满汉全席'，不能卖出'清汤白菜'的价格"。

让我们来看看一直为互联网界所关注的阿里巴巴上市之路。

早在阿里巴巴创立之初，马云就曾经表示过"阿里巴巴要在 3 年内冲到纳斯达克"。但是，在 2000 年底，许多互联网公司争先恐后去纳斯达克上市的时候，马云却宣布阿里巴巴短期内不会上市。他给这个决定的解释是"上市并不是终极目标，在网站未有赢利收入前，阿里巴巴网站不打算上市"。于是，人们猜测阿里巴巴决定不上市，实际上是因为资金的短缺。

马云坚决否认了外界对阿里巴巴的猜疑，他承认阿里巴巴目前仍面临着一些困难，但这些困难和钱没有关系，"我说了很多次，如果大家依然不相信阿里巴巴的财务数据是真实的，我也没有必要再解释什么。想把企业做多大，希望企业往哪里走，企业怎么样会更好，每个人的选择是不一样的。有人觉得上市圈到钱就行了，而阿里巴巴希望成为世界十大网站之一，希望影响互联网。"他还补充道："阿里巴巴一定会上市，只是时间问题，现在条件还不成熟，也没有上市的必要。"

2003 年，关于阿里巴巴上市的问题，马云的回答是：

"每个人都在问我上市的事情。我最后重申一次，我现在不想上市。我本人希望早些上市，但阿里巴巴太年轻了，公司创建才 4 年，员工的平均年龄才 27 岁，内功还不够好。但我不是说绝对不会上市。我的逻辑是，如果今年上市只能支撑 10 元的股价，而 3 年后可以达到 30 元，那为什么不等到 3 年后呢？"

他还说道："阿里巴巴现在赢利非常好。公司就像结婚一样，好不容易有了好日子，生个孩子又苦了。所以我们打算结婚后过几天好日子。今天我觉得我们的内功还有待加强。我向往着上市，并没有不屑一顾。"

到了 2004 年，阿里巴巴已经做到了国内第一，还获得了软银再次注入的 8000 多万美元，人们认为阿里巴巴已经完全有能力上市了。而且这一年"e 龙""金融界"和"51job"在美国纳斯达克的挂牌，又一次引发了人们对 B2B 龙头阿里巴巴上市问题的关注。

但是，马云还是认为阿里巴巴上市的时机没有到来。他认为目前要做的是把阿里巴巴做得更加完善，把客户服务得更好。"对眼下的阿里巴巴而言，做大做强比上市更迫切，与其迫于竞争压力和舆论压力被动上市，不如不上市。"

另一方面，马云觉得不上市有不上市的优势——"不上市你面对的是 5 个投资人，上市你就要面对 5000 个投资人"，而"上市后不可避免地要应付每个季度的报表，它可能会让我们放弃更长远的策略。"对于已经上市的三大门户网站，"可以看到现在它们只能考虑下一季度怎么办，而我们今天的资金可以让我们考虑 3 年以后怎么布局。"

2005 年，阿里巴巴收购雅虎中国的举动又重新将人们关注的焦点引到了阿里巴巴上市的问题上。人们认为马云收购雅虎中国就是为了上市。然而，马云又一次否定了人们对于阿里巴巴即将上市的猜测。

我们要做一家 102 年的公司，而现在我们才走了 6 年，公司还很年轻，包括我们公司员工的平均年龄也只有 27 岁，如果贸然上市，很可能会因为"年轻"而付出不小的代价。

从业务层面来看，去年中国进出口总额 1 万亿美元，其中有 100 万美元通过阿里巴巴实现。目前，中国 1300 万家企业中，大概 700 万家是阿里巴巴的客户。也就是说，阿里巴巴目前还不是一家大企业，面临的发展空间很大，同时危机和挑战也很多。这种情况下，我们可以按照自己的规划一步一步地走下去，而一旦上市，就要对投资者负责，也可能因为我们的"年轻"而让阿里巴巴太多地受到资本市场的影响，这样对我们的业务发展不太有利。

我们希望，等到阿里巴巴足够成熟，可以领导投资者之后，再去认真考虑上市的问题。

直到 2007 年，随着阿里巴巴、淘宝、支付宝的市场占有率越来越高，马云开始决定上市，以期获得电子商务的长远发展。

2007 年 7 月 28 日下午，马云在杭州黄龙体育馆里向在场参加年会的 6000 多名员工宣布——阿里巴巴正式启动旗下 B2B 业务的上市程序。听到这一消息后，全场顿时一片沸腾。至此，有关阿里巴巴上市的种种传闻，都会在不久后一一得到验证。

对于阿里巴巴的上市，马云说："有人说我是终于拿到毕业证书的留级生，也许我不着急毕业，是因为大学里面能够给我提供很多研究和学习的环境。普通人觉得上市有现金、有股票就是成功。经营企业更重要的是一个过程，是一个经历，爬上掉下、掉下爬上的人很多。对我来说过程的味道更重要，即便比张朝阳再早上市也没有意义，也许我的痛苦他们没经历过，但他们的好处我还没尝到。我觉得一个企业最重要的是耐得住寂寞、挡得住诱惑。第二拨上市容易，第三拨更容易。"

互联网、电子商务：
互联网像一杯啤酒，有沫的时候最好喝

互联网是影响人类未来生活 30 年的 3000 米长跑，你必须跑得像兔子一样快，又要像乌龟一样耐跑。

网络就是高速度，如果停下来做这计划那计划，机遇就错过了。计划做得越细致栽得越快。

互联网上失败一定是自己造成的，要不就是脑子发热，要不就是脑子太冷了。

真正的高科技就是一按一开。不要弄得很玄乎，应把麻烦留给自己，不要留给用户。

在中国做电子商务的人必须要站起来走路，而不能老是手拉着手，老是手拉着手就要完蛋。我们跟市场的关系是手够得着；我们与用户的关系是要他们自己站起来走。帮助需要帮助的人，他才会感谢你的帮助。

中小企业好比沙滩上的一颗颗石子，通过互联网可以把这些石子全粘起来，用混凝土粘起来的石子们威力无穷，可以和大石头抗衡。而互联网经济的特色正是以小搏大、以快打慢。

我自己也喜欢用免费的东西，但免费往往是最贵的。如果一个女孩跟你好，她又不想嫁给你，麻烦就很大了，男孩也一样。永远记住，免费是最贵的。与其花这时间去免费，不如花一点时间真正地去成长，电子商务会走得更远。

中小企业才是最需要互联网的

中小企业好比沙滩上的一颗颗石子，通过互联网可以把这些石子全粘起来，用混凝土粘起来的石子们威力无穷，可以和大石头抗衡。而互联网经济的特色正是以小搏大、以快打慢。

——马云

1999 年，马云应邀参加在新加坡举行的亚洲电子商务大会。在大会上，马云发现虽然是亚洲电子商务大会，可"90％的演讲者是美国的嘉宾，90％的听众是西方人，而所有的案子、例子用的全是'eBay''雅虎'这些东西"。于是马云站起来发表了自己的看法："今天我们讨论的问题是电子商务，亚洲电子商务。以前的电子商务都是美国的，美国的模式、美国的听众。亚洲是亚洲，中国是中国，美国是美国，美国打 NBA 打得很好，中国人就应该打乒乓球。"这是马云最早的构思。不过当时连马云自己也没想好中国的电子商务可能是个什么模式。

"回国的路上我觉得，中国一定要有自己的电子商务模式，中国一定要有自己的独特方式。是不是 eBay 我觉得时机不到，是不是雅虎这样的门户网站我也没看清楚，但是我相信如果围绕着中小企业，帮助中小企业成功，我们是有机会的。"

从新加坡回来后马云就决定，阿里巴巴要为中国 80％ 的中小企业服务，因为："亚洲是最大的出口基地，我们以出口为目标，帮助中国企业出口，帮助全中国中小企业出口是我们的方向。我们必须围绕企业对企业的电子商务。无论是在'中国黄页'还是在外经贸部做客户宣传的时候，会见一个国有企业的领导要谈 13 次才能说服他，在浙江一带去 3 次就可以了。这让我相信：中小企业的电子商务更有希望，更好做。"

马云说："如果把企业也分成富人穷人，那么互联网就是穷人的世界。因为大企业有自己专门的信息渠道，有巨额广告费；小企业什么都没有，它们才是最需要互联网的。而我就是要领导穷人起来闹革命。"

"中小企业好比沙滩上的一颗颗石子，通过互联网可以把这些石子全粘起来，用混凝土粘起来的石子们威力无穷，可以和大石头抗衡。而互联网经济的特色正是以小搏大、以快打慢。"

马云还形象地将大企业比作鲸鱼，把小企业称为虾米。虽然国外的 B2B 都是以大企业为主，但阿里巴巴坚信自己的判断，以中小企业为主。因为，"中国没有多少鲸鱼，即便为数不多的那么几条鲸鱼，还有些是不健康的、贸易流程不一样、信息化程度低等等。"

正因为马云对中国企业很了解，所以他说："让别人去跟着鲸鱼跑吧，我们只要抓些小虾米。我们很快就会聚拢 50 万个进出口商，我怎么可能从他们身上分文不得呢？"

"一抓住了虾米就有机会捕鲨鱼，可抓住了鲨鱼却可能被咬死。"斯坦福一家顾问公司的总裁克莱格·莫斯对阿里巴巴的模式也表示认同，"只有大约 20 家美国公司能够一下子订购一整个集装箱的铁锤，但有 555 个批发商和 20900 个零售商可以订更少一些量的货。"

另外，马云对中国经济的正确分析，也是他坚持从事为中小企业服务的电子商务的一个原因。

"我们大局的判断是中国终将加入 WTO 组织，这是一个时间问题，一定会加入。不是说要不要，因为 WTO 组织如果缺少中国，这将是一件不可思议的事情。基于中国终将加入 WTO 组织，大批的外商到中国投资，中国企业也可以到外国做生意。我们通过互联网帮助中国企业出口，帮助国外企业进入中国。"

后来的事实证明马云的思路是正确的，证明阿里巴巴的模式是成功的。

跑得像兔子一样快，又要像乌龟一样耐跑

> 互联网是影响人类未来生活 30 年的 3000 米长跑，你必须跑得像兔子一样快，又要像乌龟一样耐跑。
>
> ——马云

马云认为互联网是一个循序渐进的过程，就好像是 3000 米长跑，目前中国只是刚刚起跑而已。

"我在新加坡世界经济论坛讲过这样的话，如果把互联网比作影响人类未来生活 30 年的 3000 米长跑的话，美国今天跑了 100 米，亚洲跑了不过 30 米，中国只跑了 5 米，你可能觉得 Yahoo（雅虎）、Amazon（亚马逊）它们现在跑第一，它们的模式是最好的模式，但是，没准在 200 米、300 米后它们会掉下来。当年 Netscape（网景）真牛，但是，一轮后，它都没影了。未来的发展你永远无法预知，互联网的发展是一个 accident（意外事件）、是一个事故、是一个偶发事件。"

"Netscape 当年计划打败微软，这导致了它的失败。我有一个和我的同事分享的观念，人类第一代挖石油的人，都没有发财，到了第二代，才真正富有起来。当时的石油不过是铺铺马路，点点煤油灯。所以，就像 100 年前人类发明电的时候，根本想不到空调的诞生。你无法想象三五年后电子商务会怎样，即使是算命。中国目前只适合做电子商务第一阶段的工作，那我们就把第一阶段的工作做好。"

电子商务第一阶段的工作就是要做信息流。信息流在电子商务中处于非常重要的地位。由于中国的信用环境不好，所以阿里巴巴在刚开始的时候就避开资金流和物流，只做信息流。而且，马云认为在很长一段时间里，中国电子商务只能做信息流。

"如果有人告诉你我能帮你做信息流，而且还能做资金流，还有物流，我觉得他是在说谎。现在没有一家公司能够把信息流、资金流、物流结合在一起。不是技术做不到，而是很多东西没有具备，没有准备好。"

在互联网这场 3000 米的长跑中，马云觉得他们的对手绝不是在中国。"我们觉得我们的对手，第一，是我们自己；第二，如果说技术上面有对手的话，应该在美国。"所以，阿里巴巴的战略部署是：美国的技术、中国的人力资源、全世界的大市场。

马云认为中国人要做世界级的站点完全能行，为什么呢？

做网络公司有三大要素：第一是人、第二是机器、第三是一间 4 平方米的小房子。

"一个房间在美国需要 1000 美元，在中国只需 100 美元；一台电脑，美国是多少钱，中国也是多少钱；请一个本科生在美国一年起码需要 5 万美元，同样的钱，在中国却可以请 5~10 个人；营业收入是一样的，而付出去的只有美国的 10%。所以，我说，一定能赢。以中国巨大的人力资源、巨大的市场、巨大的意识和概念，再加上杰出的精英，你可以挑战世界。"

"网商时代"的到来

　　互联网将由"网民"和"网友"时代进入"网商时代"。阿里巴巴
有一个使命，那就是要把互联网带入"网商时代"。

——马云

　　"网上商人，他们的人数虽然不多——阿里巴巴到 2003 年底的会员数是 270 万，在中国的会员超过 200 万。但他们通过网上创造财富的能力是惊人的：阿里巴巴诚信通会员的成交率从 47% 提高到 72%；阿里巴巴中国供应商会员一次出口成交上百万美元的案例比比皆是；世界 500 强企业中已有 120 多家成为阿里巴巴网站的专业采购伙伴。"这是《南方日报》2004 年一篇报导上对网商的描述。

　　网商，这个互联网新的应用人群正在逐步壮大。2004 年 6 月 12 日，阿里巴巴和中国电子商务协会在西子湖畔联合举办了第一届网商大会。此次大会的召开，宣告了"网商时代"的到来。马云说："中国电子商务产业格局将产生巨变，一个新的互联网应用人群正在形成主流，互联网将由'网民'和'网友'时代进入'网商时代'。作为网商的代言人，阿里巴巴有一个使命，那就是要把互联网带入'网商时代'。"

　　在马云看来，中国互联网一直以来的非电子商务强、电子商务弱的局面在不久的将来会发生根本性的改变。今后，电子商务不仅会改变商人的工作和生活，还将会影响每个人的商务活动和经济活动。电子商务一定能够影响和改变整个世界。

　　以下是 2005 年 7 月马云在上海网商论坛上的讲话。在这次讲话中，马云表达了他对于电子商务未来的看法：

"我坚信这世界 20 年以后会有 80% 的生意是在网站上进行的，网下只不过是货运来运去而已。因为 5 年以后再也没有人会跟你谈网上做生意是不是危险，该怎么做，这是非常基本的技能。大家不要觉得可怕，我觉得电子商务一定会成为人类生活中一个最重要的组成部分。这就像七八年以前，我们说那时每天起来第一件事情是看新闻，而现在你起床第一件事情肯定是查看你的 E-mail。30 年以前你跟朋友说每天和朋友 QQ 一下，是不可能的事情，但是现在就不一样了。10 年 20 年以后的电子商务跟电视机的区别还是很大，因为电子商务是一个手段，怎么把它用好是一个技能，不是说用遥控器就可以了，它还是一个工具。"

"你要用它来适应这个市场，今天你在电子商务上投下你的钱，未来它才能更好地帮助你。电子商务是投资，语言是一种工具。你英文念下去念到五年八年以后才管用，你不能说今天花 50 元钱出去学 50 个单词就管用了，这是不一样的。电子商务市场是一个独特的工具，要发展下去。所以，我再次希望大家一起来创建中国的电子商务市场。今天我到这里来是想告诉大家，无论是什么网站，大家都去用用看，如果有免费的尽量用免费的试试看。我自己也喜欢用免费的东西，但免费往往是最贵的。如果一个女孩跟你好，她又不想嫁给你，麻烦就很大了，男孩也一样。永远记住，免费是最贵的。与其花这点时间去免费，不如花一点时间真正地去成长，电子商务会走得很远。"

"我当年学习英文，根本没有想到后来英文帮了我很大的忙。所以，做任何事情只要你喜欢，只要你认为是对的，就可以去做。如果你思考问题功利性很强的话，肯定会遇到麻烦的。当然，很多我认为是对的事情不一定对你有用，但你经过思考、分析、消化以后，肯定会对你有所帮助的。"

如今，已有许多网商通过电子商务走向了成功。马云认为："中国的网商更成熟，更国际化，无论从运作的规模还是从诚信的质量看都有很大的提高。未来几年网商们一定会为中国经济做出巨大贡献，成为中国未来经济的一个重要力量。"

论成功失败：
有结果未必是成功，但是没有结果一定是失败

我无法定义成功，但我知道什么
是失败！成功不在于你做成了多少，
而在于你做了什么，历练了什么！

永远记住每次成功都可能导致你的失败，每次失败后好好接受教训，也许你就会走向成功。

眼光、胸怀、实力，做任何企业，其实都要做这三件事。企业家做人也是要做这三件事情。

有结果未必是成功，但是没有结果一定是失败。

等你什么时候能看别人惨败的经验，看得一身冷汗，你就离成功不远了。如今反映成功的例子和书越来越多，我倒是希望哪个出版社出本《营销史上最傻的100个错误》，肯定卖得好！

所有的创业者都应该多花点时间去学习别人是怎么失败的，因为成功的原因有千千万万，失败的原因就一两个点。

阿里巴巴最大的财富不是我们取得了什么成绩，而是我们经历了这么多的失败，犯了这么多的错误。

我们应该为结果付报酬，为过程鼓掌。你很努力我鼓掌，请你吃饭喝酒。但是没有结果就是没有结果，报酬一定付给结果，鼓掌是要给过程。

男人的胸怀是被委屈撑大的。

多学习别人失败的经验

所有的创业者都应该多花点时间去学习别人是怎么失败的，因为成功的原因有千千万万，失败的原因就一两个点。

——马云

《赢在中国》第一赛季晋级篇第三场，马云对参赛选手赵龙进行点评：

"对于 11 号，你的模式我不做评论，刚才熊总也提到，你要少听成功专家的讲话。所有的创业者都应该多花点时间去学习别人是怎么失败的，因为成功的原因有千千万万，失败的原因就一两个点。所以我的建议就是，少听成功学讲座，真正的成功学是用心感受的。如果有一天你成为了成功者，你讲任何话都是对的。"

"我不是否定成功学，任何东西都要有度。你给我的感觉就是成功学大师在讲课，两招使过以后，别人就觉得有点虚了。真是这么回事，我们公司员工也有人去听过成功学课程，听一两次可以，听四次五次，这人就废了。"

可能很多人喜欢看别人成功的经验，迷信成功学，可马云正好相反。"我研究过许多企业的失败，我不喜欢看成功经验，我喜欢看失败经验。许多人说，马云的领导使阿里巴巴活下来，这是不对的。我没那么聪明，但是前面的总结我们一定要做。"

今天，阿里巴巴在外人看来是很成功的，不过马云坦承他也犯过很多的错误。"你不要看今天我很风光，其实我前面犯了很多错误，今后也会犯很多错误。"

"我觉得网络公司一定会犯错误，而且必须犯错误，网络公司最大的错误就是停在原地不动、最大的错误就是不犯错误。关键在于我们要去总结反思各种各样的错误，为了明天跑得更远，错误还得犯，关键是不要犯同样的错误。"

在马云看来，阿里巴巴过去所犯的错误就是他们最大的财富。

"阿里巴巴最大的财富不是我们取得了什么成绩，而是我们经历了这么多失败，犯了这么多错误。我说阿里巴巴一定要写一本书，这就是阿里巴巴曾经犯过的错误。这些错误，你听了会笑着说，那时候（我）也犯过。所以有一天如果有重要项目就不要派常胜将军去，要派失败过的人去。失败过的人，会把握每一次机会。"

失败后从头再来未必是坏事，成功也未必是最终结果。

对于成功，马云是这样阐释的："我无法定义成功，但我知道什么是失败！成功不在于你做成了多少，而在于你做了什么，历练了什么！"

"成功是无止境的，对阿里巴巴公司来讲，我们不谈'成功'这两个字。因为我们要做102年的企业。"

"关于成功，我们有三个指标：第一，要成为世界十大公司之一；第二，要持续发展102年；第三，只要是商人都要用阿里巴巴。在我看来，这三个目标的完成才能算成功，而目前距这三个目标都还太遥远。"

马云常常告诫公司员工说："因为我们要做102年。如果有一天你上了什么封面，你就把自己当作上了一个娱乐杂志一样。不要认为那是成功，成功是很短暂的，背后所付出的代价是很大很大的。"

对阿里巴巴目前取得的成绩，马云是这么看的：

"如果没有这个时代、没有改革开放、没有互联网、没有这个新行业，哪里会有阿里巴巴以及它这么大的影响力？是在这个时代我们才有了这样的机会。"

"比如在美国高速发展的20年，诞生了微软这样的企业，在未来高速发展的10～15年，也可能会诞生2～3家微软级的企业。我不敢说去创造什么价值，但15年之后，如果我们没有利用网络、没有利用这样高速发展的经济、没有利用我们这样年轻的公司，不能创造出像微软这样的企业，那么一定要后悔死。从这个角度来讲，成功是一种境界，是创造，绝对不是一条线下来就是成功，如果我们这么认为那么本身也不会成功。"

"永远记住每次成功都可能导致你的失败，每次失败后好好接受教训，也许就会走向成功。"这是马云给创业者的告诫。

"成功来了，我就知道肯定又有一件不好的事情会来。所以我跟很多年轻人，我的同事，还有外面学校的学友、学弟们讲，如果我能成功，大部分人都能成功。你别放弃这一次机会，永远不要放弃，你有这个梦想，有智慧、有勇气、走正道，你一定会有机会的。"

只为成功找方法，不为失败找理由

> 我们应该为结果付报酬，为过程鼓掌。你很努力我鼓掌，请你吃饭喝酒，但是没有结果就是没有结果，报酬一定付给结果，鼓掌是要给过程。
>
> ——马云

很多东西是很难考量的，但结果是可考量的。马云这个领导者从来都是："只要结果，不要跟我谈过程，不要跟我谈困难！"

2003 年 2 月，为了防备 eBay，马云挑选了一个团队，秘密制作淘宝网站。当时马云下的任务是：做一个像 eBay 那样的 C2C 网站出来，并且还规定了时间。30 天之内让这个 C2C 网站上线运营，也就是说最后期限是 2003 年 5 月 10 日。

当时，连网站要做成什么样子，大家心里都还没有底，要在一个月时间内让网站上线运行，这实在是一个艰巨的任务。但是，马云已经下了死命令，他要的只是结果。

接了任务后，这支团队离开华星科技大厦到湖畔花园去。他们到湖畔花园做的第一件事情就是为网站定方向。为此，他们将能找到的类似网站都研究了一遍。

那时，这支团队成员吃住都在湖畔花园的公寓里，每星期回家一次。工程师做网站开发，负责运营和服务的人员则成天泡在其他 C2C 网站的社区里，询问会员们心目中理想的 C2C 网站是什么样子。

经过团队成员的昼夜奋战，淘宝在 2003 年 5 月 10 日成功上线，出色地完成了马云交给他们的这项艰巨任务。

　　"只为成功找方法，不为失败找理由。"这就是阿里巴巴的做事态度。在马云看来："我们应该为结果付报酬，为过程鼓掌。你很努力我鼓掌，请你吃饭喝酒，但是没有结果就是没有结果，报酬一定付给结果，鼓掌是要给过程。"

成功三要素：眼光、胸怀和实力

> 眼光、胸怀、实力，做任何的企业，其实都要做这三件事。企业家
> 做人也是要做这三件事情。
>
> ——马云

"眼光、胸怀、实力，做任何的企业，其实都要做这三件事。企业家做人也是要做这三件事情。"这是马云在与金庸探讨《笑傲江湖》时，探讨出来的观点。

"何为笑，何为傲？什么人能笑，什么人能傲？有眼光、有胸怀的人就能笑傲江湖。你想傲，你一定要有实力，人家一个巴掌打过去，你滚出 5 米之外，你再傲也没有用。所以要想'笑傲江湖'，就要做到眼光犀利、胸怀开阔。"

人的眼光是一点点地开阔、高远的

马云在跟很多世界一流的人交流之后，就感觉到和别人之间的差距，感觉到人们考虑问题的角度是不一样的。不过，人的眼光也不是生来就有的，而是一点点地开阔、高远，就像爬山一样，越往上爬，风景越好。

在马云看来，"读万卷书不如行万里路"。"要多看，多跟高手交流。你会觉得距离蛮远的，这样你的眼光就会打开。很多企业家是这样，我是某某城市排行第一的，可你到外面看一下，还是差得很远。"

所以，"人要学会在自己的脑袋、自己的眼光上面投资，你每天旅游的地方都是萧山、余杭，你怎么跟那些大客户讲，世界未来发展是这样子的？你把自己的旅游放到日本东京去看看，去纽约看看，去全世界看看，回来之后你的眼光就不一样了。人要舍得在自己身上投资，这样才能转给客户。"

　　马云还说："我非常敬佩邓小平，改革开放是非常有眼光的。他去欧洲、去美国一看是这样的，中国和它们差距这么远，他才知道差距。我们在座每一个企业家都要了解，距离不可怕，可怕的是你不知道距离。跟克林顿吃早饭那一天，中国那些部长名字他都能说出来，中东的一些部长名字也都能说出来，你会感觉他是实实在在的人，他是平凡的人，所以他伟大。要不断去走、不断去跑、不断去看。"

胸怀是被委屈撑大的

　　"胸怀是非常重要的，一个人有眼光没胸怀是很倒霉的。《三国演义》里的周瑜就是眼光很厉害，胸怀很小，所以被诸葛亮气死了。宰相肚里能撑船，说明宰相怨气太多了，他不可能每天跟人解释，只能干，用胸怀跟人解释。每个人的胸怀都是被委屈撑大的。"

　　"今天我唯一可能拥有的长处，就是我比大家容纳得多一点。"

　　"对我来讲，人家说'马云，你一不懂技术、二不懂营销、三不懂市场，几乎没有懂的东西'。我真的是几乎没有懂的东西，我是杭师院（杭州师范学院，今杭州师范大学）毕业的，学的是英文，应该去教高中。在几乎什么都不懂的情况下我发现男人需要胸怀，去容纳他们，去理解他们，去倾听他们，这是很重要的事。"

实力是失败堆积起来的

　　"再就是实力，我觉得实力是失败堆积起来的，一点一滴的失败是一个人的实力、企业实力的积聚。如果我年纪大了，我希望跟我孙子吹牛的话，说是你爷爷做成这么大的事情，一点儿都不牛。孙子说，刚好是互联网大潮来了有人给你投资。当我讲当年有这个事情出来，犯了很严重的错误，他会很崇拜地看着我，真的，这个我倒不一定吃得消。一个人最后的成功是因为有太多惨痛的经历。"

　　"在我的创业过程中我都不记得有多少倒霉的事了，在我每次倒霉的时候我都会用左手温暖右手。因为创业的路挺长的，谁也不知道会怎样。今天好，未必明天好；今天不好，明天可能会更好。"

胸怀决定高度

胸怀这个字眼里边就有使命感。因为有使命感，你就有这种胸怀，让别人去说，知道自己在做什么，而且我一定要把它做出来。

胸怀这个字眼里边就有使命感。因为有使命感，你就有这种胸怀，让别人去说，知道自己在做什么，而且我一定要把它做出来。比如我胸怀超大，希望改变人类；我希望影响别人，帮助别人，有这种使命感。这样，你往前走的时候，就如网上有句话，很傻很天真。别人看你很傻很天真，但是你比谁都意志坚强。从这里你可以看得到，胸怀就是你根本不在乎别人是怎么评价你的。

改变自己要比改变别人容易得多，也更重要得多！

把"拥抱变化"形成一种文化，形成一种胸怀。

昨天打仗，今天撤回来，但是有一点要明白：你不变，一定死；变了，也许死，可说不定也就蹿出来了。

我们不学会欣赏自己，我们就很难超越别人。

我们无法从任何前人的经验里获得，那么我们必须尝试，而这个尝试的代价是我们需要付出十年二十年，甚至更长的时间去试错，去完善，去改变。

不管你今天的企业多大，不管你做得多大，永远知道你是谁、你凭什么、你要什么、你放弃什么。假如这些问题不想清楚，你是走不远的。

改变世界很难，改变自己

　　只有你改变了，这世界才会改变，永远不要希望去改变世界，要去
改变自己。

——马云

　　俗话说，改变不了环境，就只能去适应环境。无论在什么时候，都是适者生存，人只有融会贯通，才能走得更远。

　　阿里巴巴一路走来经历无数艰辛和阻碍，从创业初期的不被认可到后来的竞争压力，再到后来的出类拔萃，倘若没有融会贯通的思想随着时代的潮流去改变自己，很难在短时间内屹立于互联网行业之林。"中国为什么不能出现史蒂夫·乔布斯？每个国家的土地，诞生的东西不一样。两百年资本主义的发展，在这么肥沃的土地上长出这样的树种、这样的企业很正常。在中国改革开放三十年以后，在中国长成这样的树也是很难的，我们不学会欣赏自己，我们就很难超越别人。我们不敢说我们到美国一定会赢，但是我们在中国不会输，我也认为史蒂夫·乔布斯到中国未必一定赢，即使我非常尊敬他——全世界最优秀的 CEO 之一，但是我们不能这么去看问题。你说黄山上那棵迎客松伟大，还是无比大的巨树伟大？在那块土地上面，每个地方都有自己的独特。我相信再过五十年，再过八十年，如果我们足够幸运，我们会让世界看到更多的大树，更多有意思的东西。毕竟改革开放才三十几年，我自己这么看，我们正在改变这个世界，我们正在影响这个世界，因为我们毫无畏惧，我们无所顾忌，说到改变，我们只想改变自己。"

　　阿里巴巴之所以有今天的成就，离不开这种自我认知意识，尽管面临巨大的社会压力，阿里巴巴也能从容面对挑战。"日本地震的时候，我们公司决定捐

款三百万，云南地震的时候我们捐款一百万，公司内部员工说了，给自己国家捐一百万，给人家国家捐三百万，还是日本，那肯定不行，争议非常激烈。很多人说公司做这个决定有点卖国，忘记了当年日本侵略我们，越搞越大，一直上升到国际政治、民族大义上去了。我回了一个帖子，第一，我说您捐是对的，您不捐也是对的，但是你不捐别人也不捐，那是错的；第二，任何一个灾区，不会因为你这点钱而改变，而是因为你捐了这一块钱改变了你。只有你改变了，这世界才会改变，永远不要希望去改变世界，要去改变自己。"

"无论是支付宝事件，还是今年年初的阿里巴巴诚信问题，埋怨别人，跟别人去辩论没有用，需要的是改变自己，完善自己。这就是我们所认为的建设性的破坏，这个社会推翻的东西，我们已经听的太多了。你说这个不行，你去就行了？你说那个不行，你去就行了？未必，因为十年以后，你可能比他还不如。互联网给了我们这个机会，时代给了我们这样的机会，用互联网工具去做对社会有用的事情。"

马云正是抱着这种乐观的心态克服重重困难。他坚持推崇"建设性的破坏"。能改变的则改变，无法改变的，就建设性的建议和鼓励。马云说："我喜欢建设性的发展，其实阿里和在座所有人，我们一直在改变。在公司我讲过一个例子，两百多年前，美国大陆上面，华盛顿、托马斯·杰弗逊这帮人说在这个土地上面将建立民主自由；在这个土地上面，人人将会平等，所以很多相信的人去了那儿，建立起这么一个国家。"

"今天在互联网上，在商界，我们很多东西看不惯，几年以前我们提出新商业文明的思想，今天你在地球任何一个地方搞一块土地说想成立一个国家，已经不可能；但是在互联网的虚拟世界里面，你可以共同参与创建一种新的文明体系，新的商业氛围，这是阿里巴巴想做的。"

与时俱进，时刻准备改变自己，才是通往成功的捷径。

停止抱怨，回归自我

> 不管你今天的企业多大，不管你做得多大，永远知道你是谁、你凭
> 什么、你要什么、你放弃什么。假如这些问题不想清楚，你是走不远的。
>
> ——马云

马云在第八届网商大会做演讲时说，"现在社会上埋怨、抱怨精神特别多"。现代企业以年轻人为主力军，而年轻人惯有的特点就是浮躁、傲慢。而在社会上最重要的一课就是学会如何"回归自我"。"不管你今天的企业多大，不管你做得多大，永远知道你是谁、你凭什么、你要什么、你放弃什么。假如这些问题不想清楚，你是走不远的。"

没错，不管从事什么行业、企业大小，创业者首先要明确自己的方向，要有脚踏实地的精神。"年轻人容易从不自信变成自信，然后到自负，到傲慢。我们有这样的趋势，而且这个趋势还存在着，但我们在不断完善。"

"我也提醒在座所有卖家，都必须知道这一点，我们都在往这个方向走，怎么样回归自己。今天的强大，不是你的软件强大，不是你的服务强大，更不是你的创意强大，你的产品强大，而是互联网的强大，网商的强大，买家的强大，是整个社会和这个时代造就了我们现在这样。"

所以不仅是在互联网世界里，整个时代的趋势都要求每个人停止抱怨，回归自我，这才是真理。因为我们没有时间抱怨，我们要用积极、正面的力量完善社会，而不是破坏社会。

"我请问大家，银行除了银监会他们还怕过谁，没有了吧？由于出现了支付宝，中国很多银行纷纷降低自己的费用，让老百姓能够更好地体验。我不敢说支

付宝有很大的功劳，但还是有点功劳的。"

"王博士刚刚讲我们进入了无线互联网，其实就是让中国移动、联通睡不着觉。我们对挣多少钱其实兴趣不大，但是让那些坐在那个位置上面不作为的人不爽是我们很想干的事情。"

"我在四年前讲过，银行不改变，我们就改变银行。三年前我在重庆的民营企业会上面说，我们对抢民营企业饭碗毫无兴趣，但是对动摇一下国有企业兴趣极大。"

马云说，"让别人担心是最大的快乐"。也许正是他有着这种"侠气"，一直都是互联网界的"江湖英雄"。

"我这么觉得，抱怨没有用，让人家完善，人家建了一个很大的楼，难道你推翻就有用吗？难道你推翻中国移动就能建立一个新移动？不可能，让它好好存在，你在旁边建一个更便宜、更好的，客户移过来了，你就赢了，这是我们互联网积极的力量，必须这么做。不是去推翻，不是去破坏，更不是去埋怨，没有用，埋怨的人是只会写文章的人。"

爱默生说："伟大、高贵人物最明显的标志，就是他坚韧的意志，不管环境如何恶劣，他的初衷与希望不会有丝毫的改变，并将最终克服阻力达到所企望的目的。"强者不怨天怨地、不怨父母、不怨身世，只怨自己不够努力。所以，认清自己，回归自己，停止抱怨，才能成为真正的强者。

肩负使命，胸怀大志

使命就是一个目标、一个目的地，我们要去那儿。

——马云

对马云来说，挣钱不是目的，改变社会原有的商业模式，创造新的商业模式，用互联网作为工具帮助中小企业成长才是阿里巴巴的使命。

他说："你要是问我，马云，你最快乐的是什么？绝不是钱。最快乐的是在我们之前，整个中国没有这样的机会、这样的工具来真正帮助中小企业，但今天我们找到一条路，未必是最好的一条路，却是最现实的一条路。阿里巴巴赚钱没有百度多，也没有腾讯多，但是我们感到被尊重，我们感到自己很骄傲，我们可以帮助中小企业。"

就是这种社会责任感激励着阿里巴巴不断开拓创新，摒弃金钱和利益，肩负使命感。"我们这个组织达成一致的核心想法是：我们共同的使命是促进人类社会新商业文明的诞生。有了这个使命，人会越聚越多，因为我们希望社会向上。使命就是一个目标、一个目的地，我们要去那儿。"

那么马云真的做到了吗？"淘宝今天最骄傲的是什么，不是说有多少商品在卖，而是创造了这么多就业机会，改变了零售体系。可能十年以后，淘宝的这种商业模式，会带来整个社会结构的变化。支付宝是对金融的改变，支付宝就是让每一个平民老百姓都能够享受到金融服务。"

"我们在改变这一切，我们在创造新的商业文明，我们希望社会更加透明、更加开放、更加诚信、承担更多责任，这才是这个组织的使命。坐到这里的人，我们达成共识，Yes, we can（是的，我们可以），这样凑在一起才有乐趣，而不是凑在一起比赛 KPI（关键绩效指标考核），讨论营业额、利润、竞争，我们要讨论我们的理想。"

没错，马云正是秉承着这种理念和价值观才把企业做大，做强。他说："我们感谢这个时代给了我们机会。假如我们这个房子里面的人还在想钱和利益，我们愧对时代给我们的机会。抓住机会，才能成就大业。"

外在的机遇固然重要，内在的胸怀更不可少。马云也曾在创业初期一度被人认为是"疯子"，然而他并没有在意那些，而是敞开胸怀迎接一切质疑。2008 年 3 月，在湖畔学院讲话时，他说"胸怀这个字眼里边就有使命感。因为有使命感，你就有这种胸怀让别人去说，知道自己在做什么，而且我一定要把它做出来。比如我胸怀超大，希望改变人类；我希望影响别人，帮助别人，有这种使命感。这样，你往前走的时候，就如网上有句话，很傻很天真。别人看你很傻很天真，但是你比谁都意志坚强。从这里你可以看得到，胸怀就是你根本不在乎别人是怎么评价你的。谁冤枉你无所谓，为什么这称得上是胸怀呢？是因为你有强烈的意志要活下去，你想改变别人，你想完善这个社会，这就是领导者的气质。"

显然，马云做到了，凭借勇气和坚持，他的抗打击能力也越来越强。这也是他所谓的"艺高人胆大"，敢做，敢闯。尽管肩膀上的使命感和压力并存，但多年以来马云一直坚持做那个"撤退时的将军"。因为只有撤退时，在巨大压力面前，在诱惑面前，能坚持理想，胸怀大志的将军才是优秀的将军。

"淘宝五年不收费，一个是我们要实现我们的承诺；另外一个，我们知道 B2C、C2C 的市场很大，要抢占制高点。在这个诱惑面前，在压力面前，偏偏有人在说，哎呀，阿里巴巴是不是不知道怎么挣钱了，你们好傻等等。So what（那又如何）？因为你看得更远，因为你知道你的使命不是挣点钱，而是创造一百万个就业机会，改变无数人的命运。所以我们说"不"，继续往前。勇气让我们知道自己的使命。要认清自己，但不是狂妄。"

面对压力和诱惑，阿里巴巴从未动摇过，而正是这种使命感，使得阿里人比别人看得更远，看到更宽更广的角度，上升到另一个高度。

气度决定格局

　　这个世界不需要再多一家互联网公司，也不需要再多一家会挣钱的公司；这个世界需要的是一家更加开放、更加透明、更懂分享、更负责任，也更为全球化的公司；这个世界需要的是一家来自社会，服务社会，对未来社会敢于承担责任的公司；这个世界需要的是一种文化、一种精神、一种信念、一种担当。因为只有这些才能让我们在艰苦的创业中走得更远、走得更好、走得更舒坦。

拥抱变化是一种境界，是一种创新。拥抱变化是不断地创造变化。变化有的时候是为变而变，但更多的时候你要比别人先闻到气味不对，这个就属于创造变化。为了躲开想像中的灾难，为了抓住想像中的机会，你要不断地去调整。

　　管理和创新有时候是一对矛盾，谁能够把这对矛盾处理得最好，谁才能赢得未来。

　　你要看到美好的东西，是要在别人低落的时候看到美好的东西；在人们骄傲的时候你要看到灾难的到来，所以要把握这个平衡的度。

　　我们得有危机感，战局可能就在这两三年里瞬息万变；我们得懂变革，如果不放弃延安，就不可能得到全中国。

　　赢不一定是得到多少，而更多的是知道何时该收，何时该放，懂得放弃也是重要的经营之道。

　　什么是底线？价值观是底线，使命是底线！

　　今天我们面临的问题很多，但是我们的对手也比我们好不了多少。咬牙切齿地多熬一秒钟，多完善一个程序，多做好一点点服务，多服务好一个客户，我们赢就赢在 0.01 秒。

　　诚信绝对不是一种销售，更不是一种高深空洞的理念，它是实实在在的言出必行、点点滴滴的细节。

居安思危，不断创新

> 要在阳光灿烂的日子里修路，风调雨顺的时候做准备，太阳升起时
> 买雨伞。

> ——马云

俗话说，商场如战场，在商场打拼犹如逆水行舟，不进则退，一步不慎全盘皆输。见过一夜之间身价暴涨的企业，同样也有一夜之间崩塌的商业帝国。然而，在经商过程中，如何保持沉着冷静，在激烈的商业竞争中脱颖而出？马云之道——居安思危和不断创新。

在风云莫测的商场，转型是必不可少的。而在今天的中国，只要转型升级就一定要付出代价。中国转型的"疼痛"在于"假货"。而淘宝是每年"3·15"打假的重点。"美国贸易局说我们是臭名昭著的假货市场，其实上世纪四五十年代美国经济高速发展起来的时候，它也充斥着假货；六七十年代日本经济发展起来的时候假货也不少。它都有一个过程，就像每个孩子到六个月断奶以后容易发烧，三五岁会摔跤一样，不能说这家的孩子长大了，到别家孩子时就不能发烧、不能摔跤。"

"中国目前的发展是以巨大的制造业为中心，假如今年淘宝有五六千亿交易额，这五六千亿不是淘宝制造出来的，而是由于中国现存的巨大制造能力。但由于金融危机，国外的订单会越来越少。这些东西必须到中国内部来营销，必须要扩大内需。头痛的是这些工厂只会生产不会买卖，而淘宝就变成了最好的渠道。"

淘宝通过几年的努力已经树立了良好的品牌，而品牌的建立最起码要5年时间，只有制造能力的工厂没有品牌，然而阿里巴巴的使命就是担负这种经济转型

之痛，"我们公司在承担中国转型和扩大内需过程中这个疼痛的时候，我们应该感到荣幸，这个榔头砸过来，刚好砸在我们脚背上，但是我们必须得改变，必须迅速、全面地帮助那些制造厂家。"

马云做到了，然而在互联网电子商务的发展过程中，近几年 SNS、搜索引擎等新公司层出不穷，互联网商务大局发生巨变。消费者的消费心理也发生巨大变化。2011 年，阿里巴巴管理层围绕拆分淘宝讨论出多种方案。拆分淘宝，无疑是马云这几年中所做的最明智决策之一。

"阿里巴巴一贯是把大公司化成小公司来做的，2001 年、2002 年我们把 B2B 拆为 ICBU 和 CCBU，也是经过激烈的讨论。要不要拆？最后决定必须得拆。但那时候是按照网站、服务、销售这套体系来梳理的，是为了适应外贸客户和内贸客户的不同需求。现在，组织结构必须调整变化。"

尽管阿里高层对拆分淘宝这一决策各持观点，但马云还是坚持拆分淘宝，他说："总而言之，不管怎么拆，我们还是亲家。我想告诉大家，三家公司我们敢拆的原因就是我们知道这三家公司骨肉相连，一定会互相配合和完全协同。外面的声音还会很大，外面的风浪还会很大，但是我们坚定自己的信念，继续往前挺进。"

马云曾说想要改写商业历史，拆分淘宝则是实现这一目标的重大决策之一。

"我们这次是战术调整，建立新的商业文明、建立整个中国电子商务基础设施和开放、繁荣的生态系统的战略没有变，我们只是从组织上进行调整，所以它们是独立的三家子公司。"

阿里巴巴在互联网风云变化的时代主动求变，带动消费者、带动制造业和整个外部、整个电子商务行业迅速发展。尽管在未来阿里巴巴会面临更多更大的挑战，但马云和他的团队总能在危机中求得创新，在繁荣中谋求发展，这才是阿里巴巴成功的关键。

赢在细节，输在格局

> 你想要赢，注意细节，没有细节是赢不了的；你输一定是输在格局上。
>
> ——马云

有句话叫"细节决定成败"。想要赢，就要在细节上取胜。然而细节并不是偶然，什么是细节？细节就是点点滴滴地落实，千万次的失败与训练累积的。每个人都有天赋，别人练十次，你练一万次，这就是细节！

马云说："我们淘宝每个人都想做大项目，我们的奖励假如都是以完成了一个大项目来定，那我们完了。其实我认为聚划算也好，在座的很多商品也好，是因为细节，包括策划、想法，才得以点点滴滴地落实。但是有完善的空间吗？一定有，这世界的体验完全就是一个细节，体验就是微小的。"

细节就是要从点滴做起，"我们很多时候做企业总想做能翻身的大项目，总希望有一个新的产品，造一颗原子弹出来，12 年下来我们改变了多少？"

"事实上网站就是靠体验，靠点点滴滴的服务，每个人手上的点点滴滴、每个程序员手上的点点滴滴、每一个编辑手上的点点滴滴。"

"这么多人的努力才造就了 B2B，但是维持今天这个局面更需要在座所有人的努力。"

就是这样，阿里巴巴所有员工在点点滴滴的细节中把握成功的真谛。赢在细节，不是一句空话，而是阿里巴巴多年来一直秉承的理念。

"你想要赢，注意细节，没有细节是赢不了的；你输一定是输在格局上。"

那么输在格局是什么？马云说："格局的'格'就是人格和性格，一个公司有自己的性格，才有人格的魅力、公司的魅力；这个'局'是战略。小屁孩赢了很多，一下就灭了，前面在赢，后面就输了。性格就是我们公司的文化，人格魅力就是我们的人才体系组织，在这个基础上布大局，各阶层去实施完成。只有这样，我们才有可能叫板这个时代，说我们创造了一个创造性的公司，否则都是瞎掰。"

"我常说我的格局很好、魅力很强，在阿里巴巴文化里面，确实放了我本人的东西，要不最近我不会在内网上噼里啪啦扔过来，这是本能反弹。我讲的不一定是对的，但这是我们坚持的东西，每个人要有自己的定位。我们知道我们自己干什么、我们有什么、我们要什么、我们放弃什么。这是本能反弹。"

马云有自己的经商体系，不论对错他都会把这些经商理念传递给阿里人。然而在商界，成功是每位企业家所追求的，赢不一定是得到多少，而更多的是知道何时该收、何时该放，懂得放弃也是重要的经营之道。

"淘宝到了今天这个时候，如果要做出重大决定，我建议大家每天要不断提醒自己，我今天代表的不是我自己。虽然我荣幸参与了这次会议的讨论，但是跟我个人利益、团队利益毫无关系，我只为未来。淘宝的大法制定之前，每个人问自己的内心，我是代表未来的孩子、未来的时代，为了淘宝102年的成长，我是为了整个环境去做。这个时候，这叫正义、这叫信任，因为别人推荐你参加这个会，不是说你代表我们的利益，而是代表未来的利益，代表正义的利益，你才能坐到这个桌子前面，否则这个图是拼不好的。"

创建新商业文明体系是淘宝决策未来的关键。输在格局，输就一定会倒下，但是放弃什么，保留什么，输了之后如何重新站起来，如何为未来的商业文明体系掌舵，才是淘宝真正的发展目标。

回归价值观，重建诚信

> 诚信绝对不是一种销售，更不是一种高深空洞的理念，它是实实在在的言出必行、点点滴滴的细节。

>   ——马云

诚信是企业必不可少的品质，有诚信，别人才能信服你，与你合作。2011年2月21日，随着马云一封内部邮件被曝光，阿里巴巴的一件涉嫌欺诈事件被公之于众，一时间，对该事件发生的前因后果以及马云所做的处理在网上引起了高度关注和热议。

为了挽回公众形象，马云及时"忍痛"处理了这场危机。

"各位阿里人：

大家已经看到了公司的公告，董事会已经批准 B2B 公司 CEO 卫哲、COO 李旭晖引咎辞职的请求，原 B2B 公司人事资深副总裁邓康明引咎辞去集团 CPO，降级另用。

几个月前，我们发现 B2B 公司的中国供应商签约客户中，部分客户有欺诈嫌疑！而更令人震惊的是，有迹象表明直销团队的一些员工默许甚至参与协助这些骗子公司加入阿里巴巴平台！"

马云在邮件中毫不留情地痛斥了这种欺诈行为，"对于这样触犯商业诚信原则和公司价值观底线的行为，任何的容忍姑息都是对更多诚信客户、诚信阿里人的犯罪！"

在这封公开电子邮件中，马云进一步表明阿里巴巴的价值观："这个世界不需要再多一家互联网公司，也不需要再多一家会挣钱的公司；这个世界需要的是一家更加开放、更加透明、更懂分享、更负责任，也更为全球化的公司；这个世界需要的是一家来自社会，服务社会，对未来社会敢于承担责任的公司；这个世界需要的是一种文化、一种精神、一种信念、一种担当。因为只有这些才能让我们在艰苦的创业中走得更远、走得更好、走得更舒坦。"

马云一直坚持"允许犯错，但不允许触犯原则"的底线。诚信是电子商务赖以生存的基石，也是阿里巴巴最重视的价值观基础，失去诚信，别说 102 年的宏伟目标，顷刻间这个电子帝国就会坍塌。

马云在邮件中形容这次事件为"刮骨疗伤"。"刮骨"自然痛彻心扉，但正是他及时处理这场危机，才使得阿里巴巴重新赢得公众信赖，保住诚信。

除此，据一位国内"3·15"晚会的知情人士表示，2011 年的"3·15"晚会原定的主题是淘宝的假货与阿里巴巴的欺诈门，马云获悉后决定开展自查自纠，在"3·15"晚会之前平息该次事件。马云除了对公司内部进行整肃，还拿出 170 万美元对 2249 名受害者进行赔偿，这证明了阿里巴巴处理此事的决心和马云对诚信价值的维护。

"其实阿里人很简单，坚持原则！我们可以犯各种各样的错误，产品不成功，没收入，服务没做好，客户抱怨、投诉，这些错误都可以犯，但我们不能在原则上犯错误，今天不行，明天也不行，后天更不行！"

"所以记住，什么是底线？价值观是底线，使命是底线！"

马云一直坚守价值观和底线，从不允许任何漏洞入侵阿里巴巴，在这些年的飞速发展中，尽管多次面临诚信危机，但每次都化险为夷。马云说："我们要向全世界证明，中国人可以脚踏实地，可以用诚信、激情、理想和使命创造出一家真正的世界级公司！""世界永远不缺机会，缺的是大家的团结，缺的是诚信、价值观、使命，缺的是我们这些员工以及家属每天的付出。"

在逆境中成长

> 今天我们面临的问题很多，但是我们的对手也比我们好不了多少。
> 咬牙切齿地多熬一秒钟，多完善一个程序，多做好一点点服务，多服务
> 好一个客户，我们赢就赢在 0.01 秒。
>
> ——马云

随着电子商务形式的变化和互联网的发展，阿里巴巴于 2011 年 5 月做出了一项重大决策——拆分淘宝。虽然做出这个决定之前阿里内部也有很多争论，但马云最终的坚持证明，这是他近几年做的最明智的决策之一。马云说，企业如人，"出井伸之讲了许多'企业如人'的话，那时候我还不是很理解。这几年下来越来越发现企业如人：小孩子六个月以后特别容易感冒，因为他离开了母亲整个抗体的保护；三四岁的孩子，脚上特别容易有疤；七八岁的孩子头上都是包；十一二岁的孩子只听老师的，不听父母的；十三四岁的孩子谁都不听。人就这样慢慢走下来，我们企业也是这样走过了一个个阶段。"

外人只看到阿里巴巴的辉煌成就，却无法看到阿里人经历的痛苦。"阿里巴巴 12 周年没有什么大不了，尽管今年对我本人来讲，对阿里人来讲，年初特别痛。B2B 事件，我想所有阿里人心里都非常痛；支付宝事件又让大家非常苦，我们有苦说不出。因为有各种各样的因素以及时机不到位，有些话我们不能讲。有些话只能 10 年以后，有些话只能 20 年以后，有些话只能 30 年以后讲，因为这些事情会影响到其他人。我们很苦，但不能讲。"在艰难时期，所有阿里人没有离开马云，而是选择与他一起坚守。

在互联网形式大变革的时候，马云做出的正确决断把阿里巴巴推向更高的高

度。阿里巴巴一直以来都是以帮助中小企业成长为使命，阿里集团也是电子商务、互联网时代的领跑者。因此，企业变革对阿里巴巴来说是一件大事。因为别人希望阿里巴巴干得更好，马云说："我经常讲一句话，中国电子商务发展得好跟淘宝、阿里集团的关系可能并不大，但是中国电子商务发展得不好，跟我们一定有关系。如果我们不提升自己、不改变自己，我们影响的是未来 10 年 20 年的中国经济。"

"我想告诉大家，客户已经不是昨天的客户，当年互联网加起来才几千万用户，现在整个中国的互联网用户突破了 5 亿，淘宝的 UV 一天要过六千多万，形势发生了很大的变化。现在每天来访问淘宝的人是 5 年前或者 8 年前整个中国的网民人数，他们已经不满足于一个简简单单的市场。"

既然客户量增大，客户需求越来越多，阿里集团如果不做出改变则会迎来一场巨大灾难。因此，在关键时机忍痛作出的决断往往是改变命运的决断。即使在那之前马云经历了一场痛苦不堪的纠结，但是淘宝取得的成绩给他一个大大的鼓励。

企业都是以赢利为目的，而阿里巴巴却肩负着整个中国经济的命运，马云肩上的重担从没减轻过。他说"不革自己的命，别人就革我们的命"。激烈的竞争环境让太多互联网同盟倒下去，又有太多同行虎视眈眈地希望阿里倒下去。因此马云呼吁，"我们要坚持改革开放，必须坚持变化，必须推进自己公司内部的改革"。

在成功之前总要经历黑暗。就算阿里巴巴管理再严苛，制度再完善，仍会有不足之处，拆分淘宝之后也滋生许多问题。"拆分以后首先碰上的最大问题就是协同成本，协同将成为最大的难题。我昨天在讲，协同就是协自己去同别人，不是让别人同自己。真正协同的精神是帮别人成功，帮另外部门成功。我相信东邪、三丰、戴珊，还有逍遥子，凭他们四个人的领导力，淘宝能够协同起来，一定能够把这个协同的成本降到最低。"

"另外我们也面临巨大的有关管理和创新的问题。这次我们希望看到的是创新，但是由于出现了创新，一定会疏忽管理。管理和创新有时候是一对矛盾，谁能够把这对矛盾处理得最好，谁才能赢得未来。所以希望大家要有心理准备，我们的管理可能会有些问题,我们的创新也会有些问题,我们的协同也会有些问题。"

　　每个企业在发展中都会面临大大小小的问题,这是社会企业不可避免的矛盾。然而,只有在逆境中成长起来的企业才能在社会的浪潮中经历风浪的洗礼。"我想告诉大家,我们今天面临的问题很多,但是我们的对手也比我们好不了多少。咬牙切齿地多熬一秒钟,多完善一个程序,多做好一点点服务,多服务好一个客户,我们赢就赢在 0.01 秒。"

　　这就是马云一直以来所坚持的。正如他所说,"明天不是等出来的,是靠我们打出来的。在座每个人都认为我们有的是明天,但是明天并不多。""我们不是一家中国的公司,我们更不是一家杭州的公司,我们是这个时代的公司。我们能创造这个时代的奇迹,我坚信我们可以。"

附录：马云内部讲话

马云在宁波会员见面大会上的演讲

（2002 年 6 月 11 日）

开场致辞

很高兴再次来到宁波，今天不是礼拜天，大家来这儿我非常高兴，而且想代表阿里巴巴全球 120 万的会员和 500 名员工向大家致以夏日的问候。这一趟是阿里巴巴在全国各地以商会友的第六场，我们第一场是在绍兴，然后去了无锡、顺德、深圳、厦门，这个礼拜是在宁波。我们在全国开会员见面大会，每一次都会让我们感到非常的激动。我记得在无锡那一场，我们请了 250 名会员，那一场是下午 2 点钟开始，1 点半下了很大的雨，我们想下午可能不会有那么多人，结果来了 550 多名会员。

搞一次电子商务"干帮"大会

商人需要不断地交流，电子商务要不断地沟通和交流才能发挥作用。我们正在筹划，以往我们在杭州搞"西湖论剑"。也许我们在未来的一年，今年或者明年搞一次电子商务"干帮"大会，"干"是实干的"干"，"帮"是互相帮助的"帮"。大家都是商人谈电子商务，而不是让 IT 界人谈电子商务。也不是投资者，也不是互联网人士，而是实实在在的商人来谈电子商务。在我看来，电子商务，商人觉得有用的，就是有用；如果商人觉得没有用，再好也没有用。

我看了今天的名单，都是一些企业家、厂长、经理，也都是年轻人。

我今天的演讲分三块，第一块跟大家交流一下阿里巴巴的昨天和今天，给阿里巴巴做一个分析。我们公司很小，成立只有 3 年。这 3 年来我们经历了各种痛苦、折磨，我想做成一个案例跟大家分析一下。

第二块是我在全世界跑了很多的国家，跟世界一流的企业家进行过探讨，我想把这些探讨的经验跟大家分享一下。

第三块是我想和大家分享一下，什么是电子商务，今天的电子商务能给我们带来什么？

宁波的企业家一直以非常聪明、大度、具有良好的战略眼光而闻名。我前几天参加浙江省对外贸易招商洽谈会，在招商会上有人说宁波企业家特别精明，香港十大企业家里面，有三个人祖籍在宁波。今天，我在这儿跟大家交流自己做企业的经验，相信你们一定会有收获。

宁波是全国电子商务水平最高的地区

衡量一个城市电子商务水平的高低，不能以这个城市里有多少电子商务公司来衡量，也不能以有多少 IT 企业来衡量。前几天我们在会上探讨，有人说，宁波的电子商务发展不是很好，说 IT 企业有七八家，已经关得剩了四五家，现在有名的、成功的不多，IT 水平很差。我不这样认为。我前天早上在这里公布一个信息：宁波是现在全国各地电子商务水平最高的地区。因为一个城市电子商务水平的高低，不应以拥有多少电子商务公司衡量，标准应该是这个城市企业运用电子商务的指数有多高。我们认为宁波企业用电子商务的指数最高。阿里巴巴到宁波一年多了，这期间宁波地区的续签率高达 95％，只有两家企业今年不能再做下去。宁波的情况在全国、全世界都罕见，所以我觉得宁波的电子商务水平是最高的。

我今天主要讲阿里巴巴的昨天和阿里巴巴的今天。我们曾两次被哈佛（大学）

选为全球的 MBA 教学案例，他们派一个人到我们公司，至少要待 5 天，这 5 天跟我们所有的经理、部分员工以及刚刚加盟的新员工和客户，做仔细的调查。然后花两个月写这个案例，我每次拿到他们案例第一稿的时候，都觉得这不是阿里巴巴。很多人对阿里巴巴的看法很怪，有各种各样媒体的评论，对于媒体的报道我不全看，但是很多会员对阿里巴巴的评论我一定看。

阿里巴巴到底是什么？它怎么过来的？

我觉得技术，就应该是傻瓜式服务。技术应该为人服务，人不能为技术服务。阿里巴巴能够发展这么好，主要是他们 CEO 不懂技术。大批懂技术的人跟不懂技术的人工作，蛮开心的，我也觉得很骄傲，因为有 85％ 的商人跟我一样不懂技术。我要求阿里巴巴的技术非常简单，使用时不需要看说明书，一点就能找到想要的东西，这个就是好东西。

大家知道我们在创办阿里巴巴网站之前是在北京的外经贸部工作。1999 年我们决定回杭州创业，在离开北京的前一个礼拜，我带着六七个人上了长城一趟。去长城那一天特别悲壮，感觉像是壮士一去不复返。我们一定要做成功一个事业，一个让作为中国人而感到骄傲的公司。我们在长城上找到了灵感，在长城上看到每一块砖头上都有"张三到此一游，李四到此留念"。我觉得很有意思。如果说我要建公司的话，我第一步就要从 BBS 开始。

回到杭州我收到一个邀请，新加坡政府请我去新加坡做一个亚洲电子商务大会的发言。我很奇怪，我也没什么名，中国大陆就请了我一个人，是不是请错了？他说往返的机票都给报销。

中国是中国，美国是美国

新加坡电子商务大会档次很高，200 多人，电子商务大会发言的人 80％ 是美国人，85％ 的听众是来自欧美，所有的题目都是雅虎等等，100％ 是美国的例子，但名字是亚洲电子商务大会。我临时换了一个主题，说中国有自己的特点，亚洲是亚洲，中国是中国，美国是美国，美国的模式在中国未必就行。那次研讨会在亚洲影响很大。

后来在《经济学家》杂志登了一篇文章，讲我和亚马逊的老板，美国有个人叫贝索斯，中国有个人叫马云。我们同时从 1995 年开始创业，他在西雅图开始，但是在美国亚马逊发展得那么好，在中国我们变成这么小，这是一个很大的区别。亚洲以什么为主？亚洲以中小企业为主。全世界 85% 以上的企业都是中小企业。比尔·盖茨只有一个，只有帮助中小企业才是最大的希望。

中小企业的电子商务更有希望

亚洲是最大的出口基地，我们以出口为目标，帮助中国企业出口。帮助全中国中小企业出口是我们的方向。我们必须围绕企业对企业的电子商务。无论是在"中国黄页"还是在外经贸部做客户宣传的时候，会见一个国有企业的领导要谈 13 次才能说服他，在浙江一带去 3 次就可以了。这让我相信：中小企业的电子商务更有希望，更好做。我从新加坡回来时就决定：电子商务要为中国 80% 的中小企业服务。这是阿里巴巴最早的想法。

把自己口袋里的钱放在桌子上

1999 年 2 月 21 号，在杭州我们开了一次非常重要的会议，这次会议到今天还影响着阿里巴巴。当时 18 个创业人参加这次会议。我们提出"东方的智慧，西方的运作，全世界的大市场"的目标，我们要创建中国人感到骄傲的公司，能够持续发展 80 年的公司（后来改为 102 年），只要是商人就一定要用阿里巴巴。别人不会理解，我们暂时不对别人讲，我们也不见任何媒体。总而言之一点，认真踏实地创建一个公司。我们把自己口袋里的钱放在桌子上，凑了 50 万元。到了第 6 个月我们就熬不过去了，风险投资找我们时，（我们）口袋里已经没钱了。

我们没日没夜地干，就这样熬过来了。到 9 月份我们接到了第一笔 500 万美金的投资，美国的高盛（公司）牵头。当时互联网很热，很多人都想要投钱。我们对投资人说："我们不要钱。"他们都很认真地听我说。

第一个找我的是浙江的一家企业，他说我们可不可以合作一下？我给你 100

万，明年你给我 110 万，我说你比银行还黑。9 月 28 号拿到钱，9 月 30 号我碰到了日本软银的 CEO 孙正义，大家谈得很好，当时我们就拍板，融了 2000 万美金。我只跟他解释了 6 分钟他就听懂了什么是阿里巴巴。

我们第一次见媒体是 1999 年的 8 月份，美国《商业周刊》杂志不知通过什么途径，找到了阿里巴巴。他们要去采访，我们是拒绝采访的，后来他们通过外交部，再通过浙江省外办，一定要让我们接受采访。我们当时没有电话也没有传真，只有一个在美国的 E-mail 地址，我们不想告诉别人我们是中国公司，那样在全球化拓展过程中，大家会认定你是三流企业。

把他们带到居民区，他们很怀疑。门一打开，二三十个人，在四居室的房间里面，干什么的都有。他们感觉阿里巴巴这时候有 2 万会员了，名气很大，应该是很大的公司。最后我们拒绝发表这篇文章。

1999 年之前，阿里巴巴就是这样。到 1999 年香港阿里巴巴成立的时候，有一个土耳其的记者说，马先生，阿里巴巴应该属于土耳其，怎么跑到中国来了？这句话，至少有二十几个国家说过，"阿里巴巴属于我们，怎么属于中国呢？"我们当时把总部设在香港，因为我们想这是中国人创办的公司，我们希望是一家中国人创办的、让全世界骄傲的公司。香港是特别国际化的，我们在美国设的研究基地，在伦敦设的分公司，然后在杭州建立我们中国的基地。

1999 年、2000 年阿里巴巴的战略很明确，迅速进入全球，成为全球化的电子商务市场。我们要打开国际电子商务市场，培育中国国内电子商务市场。我们的口号是避免国内甲 A 联赛，直接进入世界杯。这几年很多人认为，阿里巴巴在国外的名气比在国内大，这跟我们 1999 年、2000 年、2001 年全面的战略有关，我们迅速地打入海外。现在很多企业说，我们很快进入全球化了。但是全球化绝对不意味着请外国打工仔或者在海外建一个厂就是全球化。我们在全球化的战略上做过很多事。

我第一次在德国做演讲时阿里巴巴的会员有 4 万多，1000 人的会场里面只有 3 个听众。第二次再去德国，里面坐得满满的。还有从英国飞过来的会员，一起进行交流。

我们怕国外企业，他们同样怕我们

中国加入 WTO，国内所有的企业几乎都在问这个问题，我们该怎么办？国外企业管理比我们好，钱比我们多，（我们）怎么能打赢？去年我跑了20多个国家，参加了50场研讨会，所有的研讨会都谈到这个问题。我们怕国外企业，他们同样也怕我们。去年我参加的研讨会，题目竟然是"中国是威胁"。

我第一次到伦敦，我的公关经理告诉我下午6点15分，BBC电视台要采访，他们是直播，不是录播的。请你准备一下这5个题目，我从来不准备。我说没关系我不看，下午3点BBC又发来一个传真，请马先生一定要仔细地看。6点进了BBC，还是拿出那5个题目，一定要我仔细准备，那我就准备一下。等到上了演播台，主持人说现在是BBC总部全球直播。有3亿人看哪！把镜头切过来问我问题，跟我准备的那5个问题一点儿关系都没有。他问："你是中国的公司，如果你在英国创公司，你会成功吗？你想当百万富翁吗？你认为你可以当百万富翁吗？你当得了百万富翁吗？"一下就把我问蒙了。我当时很紧张，但脸上还是微笑地跟他讲。结束之后我说，我们会证明我们会活下去，而且活得还很不错。后来BBC又对我采访了几次，其中有一次他们是派了报道组到国内，一次是采访当时的上海市市长徐匡迪，另一次是采访我，是BBC最热门的节目，叫"热点谈话"，节目播出有25分钟。

在互联网最艰难的时候，阿里巴巴回到中国，把总部从上海撤回了杭州，实实在在地做事，放弃国内其他的市场，非常非常艰难。至今为止阿里巴巴第一次裁员，我跟会员很郑重地说，在2000年，把一些美国的工程师灭了，如果我们晚半年，可能公司也没了。不是我们聪明，而是没有办法。我们在中国实施"回到中国"策略的时候，我们对外没有说。我们一直说阿里巴巴开拓海外市场，结果有一些竞争对手跟我们去打海外市场，去了就关门了，没能回来。

是什么让阿里巴巴活下来？是什么让阿里巴巴走到现在？我们把回来做的第一件大事比作毛泽东经过长征，来到了延安。一是要做延安整风运动，二是建立抗日军政大学，三是南泥湾开荒。

整风是因为变化

我们整风是因为互联网发生了巨大的变化。每一个人对互联网的看法不一样，对阿里巴巴的看法也不一样。如果有 50 个傻瓜为你工作的时候，是一件很幸福的事情，有 50 个聪明人为你工作的时候，是一件很痛苦的事情，痛苦的是每个人都认为自己聪明。当时阿里巴巴在美国有很多的知名企业管理者到我们公司做副总裁，各有己见，50 个人方向不一致肯定是不行的。所以当年我觉得，这是最大的痛。那时候简直像动物园一样，有些人特别能说，有些人不爱讲话。所以我们公司这样，我们觉得整风运动最重要的是确定阿里巴巴的共同目标，确定我们的价值观。

我问在座的企业家，你们企业所有的员工是不是有共同的目标？在今年春节的时候，90％的杭州企业家告诉我企业没有一个共同的目标。阿里巴巴的目标在1999 年提出，"要做 80 年的企业，要成为世界十大网站之一，只要是商人就一定要用阿里巴巴。"这是我们的目标。全公司所有的员工，如果你不认同这个目标，请你离开，如果你认为不可能实现，也请你离开。

克林顿说："是使命感"

两个月前，我到纽约参加世界经济论坛，我听世界 500 强企业 CEO 谈得最多的是使命感和价值观。中国企业很少谈使命感和价值观，如果你谈他们认为你太虚了，不跟你谈。今天我们企业缺乏的正是这些，所以我们的企业会老，不会大。那天早上克林顿夫妇请我们吃早餐，克林顿讲到一点，说美国在很多方面是领导者，有时领导者不知道该往哪儿走，没有什么引导他们，他们没有榜样可以效仿。这个时候，是什么让你做出决定？克林顿说："是使命感"。

阿里巴巴认为天下没有难做的生意就是我们的使命感。现在名气最大的企业是 GE，即通用电气。他们 100 年前是做电灯泡，他们的使命是让全世界亮起来，这使 GE 成为全球最大的电器公司。另外一家公司是迪斯尼乐园，他们的使命是让全世界的人开心起来。这样的使命使得迪斯尼拍的电影都是喜剧片。

阿里巴巴做这个决定的时候，使命是让天下没有难做的生意。所有制造出来的软件都是要帮助我们的客户把生意做得更简单。

阿里巴巴最值钱的东西

还有就是价值观，公司要有一个统一的价值观。我们的员工来自 11 个国家和地区，有着不同的文化。是价值观让我们可以团结在一起，奋斗到明天。我们请来的 CEO 总裁，他 53 岁了，老传统企业的经理人，非常出色，他在 GE 工作了 16 年。我们总结了 9 条精神，是它让我们一起奋斗了 4 年。我告诉所有的员工，要坚持这 9 条，第一条就是团队精神，第二条是教学相长，然后是质量、简易、激情、开放、创新、专注、服务与尊重，这九条价值观是阿里巴巴最值钱的东西。

我们在 2000 年制订了共同的使命、共同的目标、共同的价值观。新员工只有经过学习才能加入阿里巴巴。今天想跟大家讲，使命、价值观、目标是任何一个企业、任何一个组织机构一定要有的东西。如果没有这三样东西，你走不长，走不远，长不大。

90%的中国企业家不认同我这个观点

我做过这样的调查，90%的企业家不认同我这个观点。我见过的所有世界 500 强企业，都讲这个。讲来讲去就是这两点：价值观和使命感。宋朝的梁山好汉 108 将，如果他们没有（共同的）价值观，在梁山上打起来还真麻烦。他们有一个共同的价值观就是江湖义气，无论发生什么事都是兄弟。这样的价值观让他们团结在一起。108 将的使命就是替天行道。但是他们没有一个共同的目标，导致后来宋江认为我们应该投降；李逵认为我们打打杀杀挺好的；还有些认为，衙门不抓我们就很好了，到后来崩溃掉。所以一定要重视目标、使命感和价值观。这是阿里巴巴 2001 年做的整风运动。

第二是干部队伍的培养。干部队伍的培养，我想跟所有的企业分享一下，如何培养干部？阿里巴巴怎么做的？怎么渡过这个难关的？

靠游击队不行

如果阿里巴巴想成为全球十大网站之一，靠游击队不行。毛泽东靠游击队是不可能打下全国的。最后是三大战役决定的胜利，还要有一大批将领才能带动起来。所有企业都会担心，我真怕他走掉，如果这个人走掉了，业务就没有了。你天天都让这个人很开心，结果成了恶性循环，公司垮掉。有时候经理比总经理还大，因为他掌握了很多业务。所以，当干部之前你一定要让他学习。中国很多的干部，第一种是义气干部，上面的领导压下来，都是他顶着，下面的企业，我帮你们扛着；还有一种是劳模干部，这人平时干 10 个小时，然后你让他当了经理，他觉得领导喜欢我当经理，本来干 10 个小时，后来干 12 个小时。再一种是专家当经理，因为这个人刀法非常好，所以你让他当经理，这肯定不行。本来 4 个人工作很快乐，突然他当官了，很得意。他应该意识到另外三个人中一定有人的心态出问题了。你会发现很多经理一上台之后，把老员工全换成一批新员工。

NBA 篮球打得好，是因为板凳上还坐着 12 个人

我训练干部管理团队，在问题发生之前就要处理掉，你做的工作，不能是为今天而做。你做的任何决定是公司 3~6 个月之后发生的事情。如果没有人能取代你，你永远不会升职。只有下面有人超过你，你才是一个领导。我不用你去打，要下面人去打。出去 6 个月，你找不到替代的人，说明你招人有问题；6 个月你找不到人说明你不会用人。领导是把人身上最好的东西发掘出来。你要找这个人的优点，找到的优点连这个人自己都不知道，这是你厉害之处。如果有一只老虎在后面追你，你的奔跑速度自己都不可想象，为什么我跑这么快？因为有老虎追你。每个人都有潜力，关键是领导者找出这个潜力。我是怎么想到这一招的？我看美国 NBA 打篮球，为什么越打越好？是因为板凳上坐了 12 个人，下面的人很想上去，都认为自己打得也不差。场上面的人压力很大。这样你要有一套制度，要用制度保证你的公司，不要用人去保证。所以在培养干部队伍方面，我们成立了学习制度。

1999 年阿里巴巴希望有 8 万会员，当时我们提出这个口号的时候，还只有三千会员。但是那一年我们做到 8.9 万会员。2000 年阿里巴巴提出要做 25 万会员，我们做到了 50 万会员。2001 年我们希望有 100 万会员，但 2001 年互联网不景气，好像是不可能实现的。但在 2001 年 12 月 27 号，真的实现了！我们当月实现了收支平衡，现在阿里巴巴的营业额都在增长，越做越好。

很多人认为，现在互联网讨论最多的是投资者和管理者之间的矛盾，我们不这么认为。只有管理者去欺骗投资者，投资者不太可能欺骗管理者。投资者给你钱的时候，记住有一天你一定要还他，这是做人的品质。有一点我们感到骄傲，刚刚创业的时候，我们几乎不打出租车。有一次我们必须打车，一辆桑塔纳过来，所有人的头都转过去了，一看夏利过来，马上把手招过去，就因为桑塔纳比夏利每公里贵一块多钱。我们今天所花的钱都是投资者的钱，如果有一天花自己钱的时候，才可以大胆地花。所以这两年，我们以"小气"感到骄傲。

零预算与口碑相传

2001 年我们在国内外的广告预算为零。尽管零预算，但是我们会员已达到 120 万，越做越大，就是口碑相传。前两天有一个研讨会，有人说宁波市场不好，我说宁波市场非常好，（我们）在宁波赚了很多钱。从 2001 年 12 月，我们公司进入非常良好的状态，整个收支平衡。现在非常奇怪，你越有钱别人越愿意投资你。我们现在看互联网很难拿到风险投资，但我们很容易就能得到投资。我们现在钱很多，但是我们用的很少。我们还要不断地在海外发动更大的市场战略。

现在，我们的干部成熟起来了，员工也扩大到了 500 名。现在互联网是在裁员发展，我们是扩大发展。我们的目标是在全年的发展中赚一块钱，也就是说，如果我们整年投资 800 万美金，我们要赚八百万零一块。事实上，到现在为止，我们的确运转非常良好，员工从前年 100 多名，到去年 200 多名，到今年 500 多名，我们还要不断地招。

把钱投在员工身上

有人问为什么阿里巴巴还要招员工？我们认为员工是公司最好的财富。有共同价值观和企业文化的员工是最大的财富。今天银行利息是 2 个百分点，如果把这钱投在员工身上，让他们得到培训，那么员工创造的财富远远不止 2 个百分点！我们去年在广告上没有花钱，但在培训上花了几百万。我们觉得这将给公司带来最大的回报。阿里巴巴现在拥有了 120 万会员，而且连续两次被哈佛评为全球最佳案例，连续两次被福布斯评为最佳 B2B 网站。在网络电子商务领域，我们的会员数跃居全世界第一位。

世界互联网的五个典型

我在哥伦比亚大学听一个教授讲：当前世界互联网的 5 个典型企业，跨媒体多平台以 AOL 为典型、B2C 以亚马逊为典型、C2C 以 eBay 为典型、门户以雅虎为典型、B2B 以阿里巴巴为典型。亚洲走出一个为亚洲企业服务的电子商务典型，并为世界 IT 界所认同。

天外有天，人外有人

我最近跑了一些地方，特别是我在中央电视台《对话》节目里面看到中国的知名企业家讲了这句话，让我觉得很不以为然。他说我这个企业很难管理，哪怕通用前任 CEO 杰克·韦尔奇在我这里管理，最多只能待 3 天。第一，杰克·韦尔奇不会待 3 天；第二，他来了一定会改变你的企业。可怕的不是距离，而是不知道有距离。我在网站上也讲过这句话，我先讲一个例子，我有一个朋友，在浙江省散打队当教练，他给我讲了一个故事：武当山下面有一个小伙子非常厉害，他把所有人都打败了。他自认为天下无敌，就跑到北京，找到北京散打集训队教练，说我要跟你的队员打一场。教练说你不要打，可是越不让他打他越要打。最后说让他打一下吧，5 分钟不到就被打下来了。教练跟他说，小伙子你每天练 2 个小时，把每天练半个小时的人打败了。我这些队员每天练 10 个小时，你怎么可能跟他们打？而且我们队员还没有真打。天外有天，人外有人。

企业之间有很大的区别。因为去年我们已经步入了收支平衡，会员达到了100 万。到了这个地步，不知道往哪儿走了。我跟 TCL 的李东生和日本索尼的老总在香港开了一个会议。交流过程中，让我大为折服。做 CEO 做到这种地步很厉害，他们把管理看成道。非常清晰的管理理念，我不知道怎么去体会。后来参加在纽约的世界经济论坛，我跟波音的老总、比尔·盖茨——微软的总裁，交流，吃了饭。让我大为折服，那是没办法比的。有些东西是你没有跑过，你觉得自己来得了，一比才发现自己和他们的距离很大。

波音老总讲公司发展战略时说，我们每一个企业都会问自己一个问题，我这个决定到底错还是对？在座的也是这样。这个时候往往缺少一个东西，就是公司的发展战略。如果没有明确的发展战略，是不行的。他说他当波音 CEO 的时候，波音公司的重心都放在民用航空上面，没有放在军事航空上面。如果发生军事危机，波音一定会发生很大的危机。而"9·11"事件之后，波音没有很大的灾难，我没有感谢"9·11"事件的意思，但这就是战略的提升。我想跟大家讲，这个距离是很远的，我们中国企业家距离很远。我上个月参加世界经济论坛，北京分会。可能有人在网上看见我和北大教授吵了一架。他把中国的 MBA 说得天花乱坠，我说在中国 MBA 根本就没有用。

不要先学做事，要先学做人

那天我是有感而发的。我那时刚从纽约回来一个礼拜，就赶到北京，参加北京世界经济论坛和北京中国企业家论坛，我从来没那么丢脸，那次脸丢得真是一塌糊涂。我们那次会议，台上四五个人在讲，下面有一半的人在听，另外一半不是打电话，就是抽烟、聊天，上面谈上面的，下面谈下面的。我觉得特别尴尬，为什么中国企业家会出现这样的问题？有一个国家的部长请了 12 个中国企业家进行交流座谈，这个部长讲话只有 15 分钟，这 15 分钟内你知道发生了什么事？我们大半的企业家都在打电话。部长的脸特别尴尬，我看了都不知道该怎么说。这不是文化的差异，是礼貌、尊重。如果中国企业是这样的话，谁还愿意跟中国企业交流？谁还愿意跟中国企业做生意？我说 MBA 不要先学做事，要先学做人。

这样才能改变我们自己。

所以那天有感而发。后来去了哈佛、斯坦福、麻省理工，还有印度大学，他们都骂我。我觉得 MBA 不是没有用，我觉得就是有很多的东西你们应该学习。我收过很多的 E-mail，是 MBA 学生来的信，说我骂他们是因为我爱他们。做任何的企业，其实要做三件事。企业家做人也是做三件事情。这是我跟金庸探讨《笑傲江湖》的时候，我们探讨出来的一些观点。何为笑，何为傲？什么人能笑？什么人能傲？你做企业家你想笑，你想笑得透彻，有眼光、有胸怀的人才能笑得爽朗透彻。你想傲，你一定要有实力，人家一个巴掌过去，滚出五米之外，你再傲也没有用。所以要想笑傲江湖，要做到眼光犀利、胸怀开阔。我认为眼光是读万卷书不如行万里路，多看，多跟高手交流。你会觉得距离蛮远的，这样你的眼界就会打开。很多企业家是这样，我是某某城市排行第一的，你到外面看一下，差得很远的！

距离不可怕，可怕的是你不知道距离

我非常敬佩邓小平，改革开放是非常有眼光的。他去欧洲、去美国一看是这样的，中国和它们差距这么远，他才知道差距。我们在座每一个企业家都要了解，距离不可怕，可怕的是你不知道距离。跟克林顿吃早饭那一天，中国那些部长名字他都能说出来，中东的一些部长名字也能说出来，你会感觉他是实实在在的人，他是平凡的人，所以他伟大。要不断去走、不断去跑、不断去看。

胸怀是被委屈撑大的

胸怀是非常重要的，一个人有眼光没胸怀是很倒霉的，《三国演义》里的周瑜就是眼光很厉害，胸怀很小，所以被诸葛亮气死了。宰相肚里能撑船，说明宰相怨气太多了，他不可能每天跟人解释，只能干，用胸怀跟人解释。每个人的胸怀都是被委屈撑大的。

实力是失败堆积起来的

再就是实力，我觉得实力是失败堆积起来的，一点一滴的失败是一个人的实力、企业实力的积聚。如果我年纪大了，我希望跟我孙子吹牛的话，说是你爷爷做成这么大的事情，一点儿都不牛。孙子说，刚好是互联网大潮来了有人给你投资。当我讲当年有这个事情出来，犯了很严重的错误，他会很崇拜地看着我，真的，这个我倒不一定吃得消。一个人最后的成功是因为有太多惨痛的经历。

成功必定是团队带来的

我一直倡导中国企业要讲究团队精神，阿里巴巴的今天马云你做得非常不错。我是我们公司的说客，我是光说不练的人。我们的团队让我觉得非常骄傲，公司是 4 个 "O" 的团队，我把我们公司做的事情跟大家分享一下。

COO 关明生是我们的总裁，在 GE、BTR 等全球 500 强公司做了 25 年的经理人，英国籍香港人；我们的 CFO 蔡崇信，是欧洲 InvestAB 公司做投资的，他是法学博士，加拿大籍台湾人；我们的 CTO 吴炯，是雅虎搜索引擎发明人，美国籍上海人；我是中国国籍，杭州户口。我们 4 个人各守一方，现在合作得非常好。合作都是团队做出来的。如果别人把你当英雄的时候，你千万不能把自己当英雄，如果自己把自己当英雄必然要走下坡路。

中国最好的团队是唐僧西天取经的团队

许多人认为最好的团队是"刘、关、张、诸葛、赵"团队。关公武功那么高，又那么忠诚，刘备和张飞也有各自的任务，碰到诸葛亮，还有赵子龙，这样的团队是"千年等一回"，很难找。而我认为中国最好的团队是唐僧西天取经的团队。像唐僧这样的领导，什么都不要跟他说，他就是要取经。这样的领导没有什么魅力，也没有什么能力。悟空武功高强，品德也不错，但唯一遗憾的是脾气暴躁，单位有这样的人；猪八戒有些狡猾，没有他生活少了很多的情趣；沙和尚更多了，他不讲人生观、价值观等形而上学的东西，"这是我的工作"，八小时干完了活就去睡觉。这样的人单位里面也有很多很多。就是这样 4 个人，千辛万苦，取得了真经。这种团队是最好的团队，这样的企业才会成功。

今天的阿里巴巴，我们不希望用精英团队。如果只是精英们在一起肯定做不好事情。我们都是平凡的人，平凡的人在一起做一些不平凡的事。这就是团队精神。我们每个人都欣赏团队，这样才行。

电子商务就是一个工具

接下来我讲，什么是电子商务，这两年电子商务被说得越来越神奇。说实在的，我不太愿意参加IT的论坛。人家一说马云是IT的业内人士我就慌了，阿里巴巴不是一家IT企业，阿里巴巴是一家服务公司，我们以网络为手段帮助我们的客户，把客户变成电子商务公司。如果明天发现有一样东西比互联网更好，我们就会用那种方法。我们不要成为高科技公司，那是为了拿优惠政策，跟客户讲的时候你越低越好。你跟客户说你是高科技，客户会崇拜地看着你，但不会买你的产品，高科技太远了。我们讲高科技是说给别人听的，你自己也相信了，那就麻烦了。所以我们说我们不是高科技，不是IT企业，我们是商务服务公司。互联网不是什么高深的东西，互联网是一个工具，电子商务也是一个工具。

这两年做工具的人，把自己的榔头说得天花乱坠，把真正买榔头的人弄糊涂了，所以很多的工厂停下来都去生产榔头了。我们公司给你一个电子商务的解决方案，电子商务本身不是解决方案。电子商务只是一个工具，你拿回去之后，拿这个工具，自己解决自己的问题，这才是真正的电子商务。电子商务这个工具，跟传真、电话没什么区别，它只不过是把传真、电话、网络、电脑、电视、报纸、媒体结合在一起的工具，用起来还是不错的。所以我想跟大家讲，我们不要把电子商务看得太神秘，宁波有多少企业在做？很多企业在做，用电子商务做物流、配送等等，说得天花乱坠。今天电子商务有三个流：信息流、资金流、物流。今天电子商务只能做信息流。如果有人告诉你我能帮你做信息流，而且还能做资金流，还有物流，我觉得他是在说谎。现在没有一家公司能够把信息流、资金流、物流结合在一起。不是技术做不到，而且很多东西没有具备，没有准备好。比如资金流，谁做得最好？银行做得最好。

阿里巴巴不做资金流。2001 年 12 月份我到达沃斯参加一次会议，在会议上我看到一个客户，有一个企业家跟我说，他是欧洲人，他说："阿里巴巴做得真不错，我就用阿里巴巴。我的卖家就是在阿里巴巴找的，但是你别告诉我你要做网上交易，他是不会在网上交易的。我现在可以把我的资金汇到任何一个账号，24 小时内一定能够收到，我为什么要在网上付钱？"我觉得很有道理。我做了一个调查，99％的阿里巴巴会员告诉我，愿意在网上支付的金额在 5000 美元之下。

电子商务不是救命稻草

美国东海岸的羊和西海岸的羊有很大区别，羊种是一模一样的，东海岸的羊心脏功能很好，体格发达；西海岸的羊心脏肥大。原因是什么呢？东海岸有狼，羊经常跑，西海岸没有狼，羊的寿命不是很长。同样的羊看见狼的时候，瘦的羊就跑掉了。这怕什么，狼过来的时候我自然会跑，我现在身体状况很好。狼过来的时候自然先吃掉你。大型企业一定会被那些国外企业消灭掉，小企业掉头快，逃跑很快。宁波的企业、温州的企业这两年发展快，因为我们小，船小掉头快，形势不对马上就跑。这个不是赌博，是投资，曾经有一个企业跟我们说，我们不做电子商务不会死，做了电子商务让我们企业死掉了。他说我们就怕这个，我说这种情况并不多，不能把所有钱压在那儿。所有的商业投资要看有没有效果，有效果投一点，没有效果，作为一个投资，不要多投，它不是救命稻草。公司要成长，有很多事情要做，不光是电子商务。电子商务能够帮你带来的就是找到国内、国外的买家，至于买卖能不能做成，还有很多企业内部经营管理的问题，就不是电子商务可以解决的。所以我觉得把电子商务作为投资，就像学外语一样，你如果不学，等到要用的时候，已经来不及了。

嘴上说网络不一定好用，但是付钱比谁都快

千万不要相信我们很多中小企业家对电子商务的看法，中国商人特精明，谁都不愿意告诉别人自己成功的经验。我小时候读书不好，是因为很多同学都玩，我也玩，天天玩，他们说玩有好处，然后我就玩。结果我发现考不过他们，后来到人家家里才发现，他们在家里是认真学习的，我在家里还玩。这个例子告诉大家，我们中国的中小型企业，电子商务做得非常好，但是他们不会告诉你们。我很高兴，刚才我们有一个客户跟我们分享经验，这种企业非常的少，我们有的客户在网站卖雨伞，他也在网站上卖雨伞，这个雨伞非常好卖。他说，不要让我做采访，不要让我分享经验，这种事情我不会干，分享经验是不行的，我这样做，大家都卖雨伞怎么办？这种情形我非常理解，江浙企业非常有意思，嘴上说网络不一定好用，但是付钱比谁都快，他怕别人追上来。

有时候要相信自己，用自己的眼光去看待电子商务是很有意思的。不管是用我们的网站，还是用别人的网站，只要是网站，大胆走出第一步，这一步下去，你肯定会尝到甜头。但是也不要奢望今天上网 3 天内就有效果。

有的企业家告诉我，我们早就电子商务了，我说你们怎么电子商务法？他说我们租了很多网站，花了很多钱，我说你们网站的名字呢？"名字我不记得了，小赵，名字是什么？"小赵也不知道，这个也要查查看。这个也叫电子商务？做一个网页的目的，就是为电子商务买了一套软件，做一个网站只是刚刚开始。买了一个工具，买了一个扳头回来，往家里面一放，就做好了，这是不现实的。

对客户也要"271"战略

刚刚提出电子商务是一个过程，是以商务为目的，电子是一个工具，一个手段，去经营你的企业和业务，而不是说买一套网站就可以了。我们现在实行内部"271"战略，20% 是优秀员工、70% 是不错的员工、10% 是必须淘汰掉的员工。我对客户也要实行"271"战略，有 10% 的客户每年一定要淘汰掉。比如说我是医生，你是病人，你来看病。我开了一个药方，你买药回去，往家里面一放不吃药，我也没有办法。

我经常在企业跟员工交流一个故事，这是我对企业的了解。杭州有一个很有名的饭店，在杭州、上海、南京、北京开的饭店很多都需要提前甚至是一个星期预定座位。6 年前我到这个饭店去，这个饭店还没有几张桌子，我点好菜后在那儿等，过了 5 分钟，经理来了说："先生，你的菜再重新点吧。"我说："怎么了？"

他说：“你的菜点错了，你点了 4 个汤 1 个菜。你回去的时候，一定说饭店不好，菜不好，实际上是你菜点得不好，我们有很多好菜，你应该点 4 个菜 1 个汤。”我觉得这个饭店很有意思，为客人着想，不会像其他饭店看见有客人来，就说龙虾怎么好，甲鱼也不错。他却对你讲没必要点这么多，两个人这些就行了，不够再点。你会感觉他是为客户着想，客户满意了，他才会成功；如果客户不满意，就是他不成功。

客户永远是对的，但是大部分时间他们是错的

我们公司奉行“客户永远是对的”，但是大部分时间他们是错的，他们不知道你们在干什么，你们是企业家要明白自己在干什么。他们永远是对的，但是有时候不对。电子商务这个东西要配合，而阿里巴巴是一个商务服务公司，帮助大家在网上促成合作。所以我对电子商务的交易就是这么一句话：它是一个工具，不是炸弹，拿这个工具用一下，它能帮你把你的产品推到全国甚至全世界；它能帮你在网站收集其他人的情报；它能帮你加强内部的管理和调节。

我今天就讲到这儿，大家有什么问题可以提问，共同交流一下。

马云在阿里巴巴网商论坛广州站的主题讲演
（2006 年 3 月 21 日）

我记得前面几年都是我在讲，现在终于可以不讲了，因为是我们的客户在讲这些经验。前段时间我去了两天日本，三天美国，前天刚回来。我想一开始我并不要说太多的东西，只是想和大家进行互动。今天在这里，我不是什么电子商务专家，我只是很普通的一个人，我觉得很惭愧。一般人说你建立了阿里巴巴、淘宝，许多媒体朋友宣传了阿里巴巴。我说：首先不要相信媒体。记得在飞机上我看到有杂志在评论我，我觉得我并不像他们所说的那样聪明。我并不聪明，我讨厌高科技的东西。我为什么不做大学老师来做阿里巴巴？我想证明一点：如果马云能成功，那么大家都能成功。我小学不是重点小学，中学普通糟糕，大学也很普通。我发现大学里前三名的人到了社会上往往不会成功，而十名左右的人在社会上非常成功。我一般是在十名到十五名。我是我们家唯一考进大学的而且是专科生。我算我们家最聪明的，但在外面根本不能算。这世界上每个人都是能成功的，只要你不断去努力。

我有个问题问大家：男人每次要射出多少精子，才能让女人成功受孕？大概只有七千万到八千万分之一才能生存下来。人活在世界上只有 70 年到 80 年，每个人的结果一样，但过程不一样。你有七千万分之一的机会，说明你很了不起。

阿里巴巴的商业模式是帮助客户赚钱

这几年我走得比较顺。我相信骗子是很少的。你上当是因为你贪婪。我和自己说，我自己做得很功利，别人在骗我的时候我能感觉出来，但我就是不说而已。我建立诚信通的基本原则是 95% 的人是诚信的。我建立诚信通是因为几年前我参加了达沃斯世界经济论坛。

有一个银行家发现孟加拉国许多人要贷款的金额都在 2000 美金以下，之前许多人认为不可行。结果他做了，他发现 97% 的人都可以把钱汇过来。所以这证明了小企业借人家的钱都想着还，大企业反而很少还钱，比例才百分之四十几。

还有一次我去美国，一条街道全是玻璃房子，我问主人为什么你们的房子是玻璃的，不怕人家来砸吗？他们笑而不答。许多机会是与众不同的时候产生的。大家认为对的时候你要停下来好好想想，大家认为不对的，你也要拿出来和大家分享。

几年之前人家认为阿里巴巴模式不对。去年开始才有人说阿里巴巴模式比较好。我也不知道阿里巴巴是什么模式。但是我觉得：只要我们的客户赚钱，我们一定能赚钱。

前些日子在亚布力会议上，有人说只有具备了许多条件才能成功。往往来说，一个人的成功是说不出来的，能分析出来的人往往是在大学里写书的人。真正的实干家往往是边做边干。北方企业家说：我要做什么，我能做什么？而南方企业家则说：我该怎么做？

今天我要告诉大家的一个问题，就是任何一个企业家面对的问题都很多很多，第一天你想做什么？等到你想到说，我就想做这个事情，就很独特了。这个世界上比你更想做这件事情的人可能并不多。

今年阿里巴巴不上市，其实我们无论从营业、从收入、从效益各方面已经具备非常强劲的势头，我们也许是中国互联网当中最赚钱的势头之一。但是我不想上市，为什么？最主要的原因是我还远远没有做到我想做什么的时候。因为上市的时候，是投资者要你做什么，现在呢，是我想做什么就做什么。我觉得要突破，我必须这样去做。比如说"支付宝"的问题，有人问我"你们想怎么赚钱"，我说我没有想过。

最喜欢去各种论坛，喜欢看失败经验

有人问过我，马云，你已经有460万会员，你还想要多少会员？每天我考虑的不是增加更多的会员，而是让更多的网商怎样赚到更多的钱。我们的客户今天在阿里巴巴交了钱，明天他们愿意付更多的钱，那么说明他们赚到了钱。所以机会后面是危险，危险后面是机会。所以你要想想，什么事情你应该做，什么事情你不应该做。有许多东西是相通的。

我现在觉得：天下没有CEO的学校。我觉得CEO最好的学校是各种论坛。我觉得我是中国现在参加论坛最多的CEO。我经常在各种MBA论坛上反对MBA。我觉得很有意思，他们会反对我，然后给了我反击的思考。

刚开始的时候没有什么战略。就是让你的公司活下去，把你的员工养好，你应该这样想：你想做什么？在做的过程中挑最容易的、最快乐的事情做。其实创业很简单，就像在黑暗中走路，顺着亮光走总能走出来。企业到了10年以后才去讲战略战术。

我研究过许多企业的失败，我不喜欢看成功经验，我喜欢看失败经验。许多人说，马云的领导使阿里巴巴活下来，这是不对的，我没那么聪明。但是前面的

总结我们一定要做。

21 世纪什么最重要——人才

我们刚才讨论到企业的可持续发展。一个企业最重要的是人。21 世纪什么最重要？我觉得是人才。许多人认为专家很重要，认为中层管理很重要，但是他们忘了把士气传给普通的员工。对于普通员工更重要的是：我要买车，我要买房，我要结婚、生子。

我们家保姆，我给她 1200 元，杭州市场 800 元。她做得很开心，因为她觉得得到了尊重。你对广大员工增加一些尊重，那么士气也会大增。所谓士气，是大部分员工得到满足。所以要让自己的员工得到满足，然后提升企业文化，你的企业就有希望了。

尊重你的竞争对手

现在的竞争是：我们广东有大批制造业。许多公司珍惜每个员工，发现他们，挖掘他们的潜力，我相信这样的企业非常不一样。这个企业不断地挑战竞争。

竞争是什么？关于竞争我有很多自己的看法，因为大家知道只有我们淘宝在跟 eBay 竞争，我一直认为竞争是一个甜点，你不能把竞争当主菜去做。往往是竞争越多，你的市场可以做得越大。但是如果你今天想办法灭掉竞争对手的话，最后你是一个职业杀手，你最后甚至都不知道自己在干什么。一个优秀的竞争者可以让你学到很多东西。你要尊重竞争对手，只有这样你才可以提升，只有竞争才可以提升。

第二个是不要把流氓当对手。要选择好的竞争对手并且尊重他们。在商场上最大的同盟军是你的客户，把客户服务好了，你就会成功，决定成功的是客户而不是竞争对手。我给你们讲这么个故事：中国银行什么事都给你做好，你觉得它欠了你很多东西；但是汇丰银行，它什么也没为你做，你反倒觉得你欠了它很多东西。我觉得服务的最高境界就是没服务。

阿里巴巴的核心竞争力

阿里巴巴客户都能够自律，你能够帮助他的是，真正遇到赔偿问题的时候。企业的核心竞争力是什么？阿里巴巴的核心竞争力是我们的人有多少文化。网站不是我们的核心竞争力，阿里巴巴竞争力真正做到的连我们心中的 5% 都不到。

2005 年底阿里巴巴把所有的商人聚集起来作一个交流。今后我们要把"MEET AT ALIBABA"变成"WORK AT ALIBABA"。未来 5 年我们有点儿电子商务的味道了。所以现在很多企业学习阿里巴巴的模式，就是阿里巴巴有工地，这个工地上有前景。但是我们真正的成功是 10 年以后，现在我们可以探讨一下商业模式。

全世界最好的商业模式是什么？有很多人说是银行，但我认为是收税模式。收税，你不管怎么弄，反正收你税。听说美国最厉害的公司，跟美国的 GDP 比简直是一点点。国家的模式就是全了，我想请问有没有可能建一个国家？几乎是不可能的。你说我在沙漠划一批地去建一个国家，也不可能。

国家是怎么形成的？就是河边的人坐在那里买卖交流，交流之后，生意越做越大，就闹矛盾，然后就有人说我来做法官，法院不行，就有了警察。最后有制度，就是约法三章，就是一个法律出来。国家就是法律，就是警察、军队的集合，这整套制度下来就是国家。

今天在互联网上就是一个国家，在 30 年以后，人类的交易都会在网络上进行。比尔·盖茨说过，他们 20 年后，会把电脑普及到每一个家庭。事实上也一样，电子商务未来要发展到每一个人都要在电子商务上进行交易。而今天我们感觉虚拟的活动都可以出来了。

我手上的这一串珠子是从淘宝上买来的。我觉得质量很好，用了一年之后，我准备卖掉。在网站上面对于我们这样的人，其实你要说服我去网站上买东西，我觉得很难。要说我太太到网站上买，也不可能，她说我去外面买。可是最近她却买上瘾了。

网上交流时有一个先生跟我讲，他五十几岁，他说马云我真想不通，我在淘宝上开了一个店，卖同样的商品，然后有两小姑娘也开了一个店，我怎么也搞不过她们俩。这中间有诀窍，我仔细分析了一下，我说你这个老先生，就是名字一点都不浪漫，那个头像也不可爱，回答问题也很生硬，不如小姑娘们来得活泼生动。

我喜欢唐僧团队

我刚才讲一个企业的人才，人才就是员工，员工是最重要的，还有就是干部，干部是永远让 CEO、让老总最头痛的问题。我已经讲过很多遍，广东今天有很多的老总过来，干部就是一个团体，你需要什么样的团体？

1995 年开始创业的时候有一个年轻人跟我一起创业，他刚刚大学毕业，我觉得我是总经理，他是副总经理。我总觉得大家一起创业，什么都是平等的。最后发现，什么东西他已经不说是你的指令，是他觉得自己要做，这个东西我觉得很有启发。对的就告诉他，如果说你前面松一下，后面的路就跑到很远的地方去了。所以关系问题要重视。

我比较喜欢唐僧团队，而不喜欢刘备团队。因为刘备团队太完美，"千年等一回"，而唐僧团队是非常普通的。

唐僧有很强的使命感，他西天取经，谁都改变不了，不该做的事情，他不会去做，唐僧是一个好领导。孙悟空这种人很有可能会变成"野狗"。公司里面最爱的是这些人，最讨厌的也是这些人。其实猪八戒很重要，他是这个团队的润滑剂，你别看他很反动，但是他特幽默，公司没有笑脸是很痛苦的。

其实作为管理者，我喜欢用鼻子闻公司，走进去之后我就知道这个团体有问题，而且我知道这个团体是因为什么原因而产生的问题。一个 CEO，应该非常敏感，一个公司团队里面的人气非常重要。这 4 个人如果没有一个猪八戒，我都不知道这本小说该怎么写下去。我们阿里巴巴的 Logo 是什么，是一张笑脸。我希望每一个员工都是笑脸，他跟你面试的时候，就是笑眯眯的。广东人讲风水，我是很信风水的。这张脸是很重要的，不喜欢笑的人很难当领导，很难当员工。然后领导看他不爽，下面人也看他不爽。

一个善于沟通的人，所有人都会喜欢，所以有时候公司需要一个猪八戒，他老是跟领导走。他好色之类的我不管，是人都差不多。

沙和尚我觉得是一个好员工，沙和尚这样的员工在你的公司会踏踏实实地做。他要你讲伟大目标，就是按照公司的模式来。

前一段时间，我看到一篇帖子，说工薪阶层买房子越来越贵了。我没有回答这个问题，但是我们后来私下里探讨过这个问题。只有你自己是工薪阶层的时候才会这样想。认为你自己是工薪阶层的时候，你永远是工薪阶层，你应该认为我自己不是工薪阶层，我应该更努力。而 5 点钟下班 8 点钟还在办公室，这些人永远不会是工薪阶层。

前两天有人问我，可口可乐和百事可乐，这两家打了那么长时间，主要是不是心态问题？可口可乐认为我不是老二，而百事要争第一。心态不一样，做法也不一样。所以在团队里面，每一个人想法都不一样。这四个人我都欣赏：唐僧、孙悟空、猪八戒、沙和尚。你招这个人的时候，你就要为他的后期想好。千万不要招了这个人，你所有的都依靠他。

培训干部队伍

干部一定要培训的，干部如果不培训，他们不会成长。我认为：阿里巴巴如果成长，两批人一定要成长，这两批人不成长阿里巴巴就不会成长。第一批人就是阿里巴巴的员工，第二批人就是阿里巴巴的客户。今天我们希望把一些管理的想法讲出来，只有今年赚 100 万，明年赚 200 万，后年赚 300 万，你们成长了，我们阿里巴巴才会成长。

员工的成长就是干部的成长，干部的培训也一定要做。前两年我们几乎没有做市场，80％都是口碑相传。但是我们在员工和干部培训上面花的钱我相信比中国任何一家 IT 公司投入得都要多。如果你不在这儿投钱的话，会很累。

创业者的成功没有体系

顺便讲一下，阿里巴巴从去年开始，投入了巨额的广告。今年我们还会在国外投入巨额的广告。去年我们在美国的 CNC 上面投入了巨额的广告，我们真正把中国出口商的品牌打到海外去了。在座阿里巴巴的客户，如果你们不赚钱，阿里巴巴也不能赚钱。

我讲一个公司内部的事，三年前公司成立诚信通的时候，很多人都埋怨，他们说 2000 块就是诚信吗？这是很多人被误导的想法。我说如果阿里巴巴不能变成一个诚信的网站，我宁可把公司给关了。我说 3 年以后做的事情，就是从 1 个会员到 100 个会员，我就不相信，阿里巴巴不能成立一个诚信通。我就一个一个地把它们做起来，然后一点一点去完善这个制度。这是我心里想做，是我们这帮人真心想做的事情，所以不管周围多少人说我们不好，我不理，我只要按照我的想法去做。

所以讲到这一点，因为我讲话没有体系，我想告诉大家，创业成功者都是没有体系的，这些体系二十三十年内会有人把它写出来的。

所以今天我们形成了一个良性循环，我们有 50 万专业的买家知道我们的产品，我经常坐在飞机上，和边上的人聊天并递给他阿里巴巴的名片。许多企业以前把阿里巴巴作为一个广交会的辅助工具，就是到广州来之前，去网站上查一查。现在阿里巴巴慢慢跟国际接轨了。

阿里巴巴将全面启动支付宝

今天我跟广东的会员做一个交流，很快，这个月底，阿里巴巴网站上将全面使用"支付宝"——我们支付宝给你们担保，如果你被骗了我全部赔你。

众所周知必须打通网上交易环节的另外一点，就是我们大力发展淘宝，发展淘宝是阿里巴巴的战略举措。我前几天从美国回来，有人认为，称得上网商网站的就是 eBay、阿里巴巴，也只有一个 B2B 在中国诞生。

大家知道每一天会员增加一万多名，而淘宝是阿里巴巴整个战略中最重要的组成部分，因为我们相信电子商务是一个公众平台。我们的 C 客户将来会成为阿里巴巴 B 客户最好的渠道，他们会是一个重要的战略举措。第一天我没有这么大的梦想，现在梦想越来越大了。说心里话在 7 年前，我没有想到做这么大，但是现在是越来越大了。

现在我们希望的是做全世界最好的 C2C 网站，我们希望淘宝网可以在世界做到最大的网站。所以只要我们努力，往前走，都是可以实现的。

创业者的梦想：永不放弃

创业者就是为一个梦想不要放弃，不断地努力。阿里巴巴犯了很多错误，以后还会犯很多错误，我永远接受这一点。我不是太会写的人，我已经犯了很多错误，我们希望通过"阿里学院"、通过各式各样的渠道跟阿里巴巴交流。

我们从 18 名员工到今天的 2500 名员工，今年已经有很多天过去了，我们现在一天的税已经远远超过 100 万了。这不是奇迹，这才刚刚开始，但这里面凝聚了很多的努力，如果说马云可以，你也可以，因为这是很多人的梦想。

一个好团队。我记得三年前，我在哈佛大学做的演讲。我讲完之后，他说我是一个疯子，我说对不起，信不信不由你。你是这种看法我没办法。后来他到我们公司来了。他说原来我认为你是一个疯子，现在我发现你们有 100 个人都是疯子。如果你的团队有人相信赚钱，一旦有人相信这个，就乱套了。第一天阿里巴巴不是想赚多少钱。

我是老师出身，因此我有一个很好的机会，我善待我的学生。当老师最希望的是什么？学生超过老师。我做阿里巴巴就是希望我的客户超过我，这是我最希望的事情。

我不是最好的 CEO，我相信我不会是世界上最好的 CEO，10 年的经历可以让我去教书，我比任何一个教授都拿得出实例来。这些东西我希望我能够去做，今天我们到这儿也一样，到这儿是沟通和交流。

接下来我跟大家分享，告诉大家永不放弃你的梦想，一批优秀团体，完善的奖励制度，勇往直前，正确地面对竞争，是任何企业的成长。至于你能走多远，第一天的梦想很重要，阿里巴巴第一天出来就是要走 80 年。现在我已经有明确的目标，要做 102 年，这是告诉他们公司目标明确，所有的员工都会知道这个。就像当初我们全年赚一块钱的时候，所有员工都知道，这个一块钱，我们省点儿电，就可以节省 3 块钱。这个时期我想活 100 年，下个世纪我们再活 2 年。在 102 年之前的任何一个时间失败，就是我没有成功。

所以一个企业持续发展需要一个远大的梦想，我还是用我喜欢用的话：永不放弃，同时要坚信，今天很残酷，明天更残酷，后天很美好。但是绝大部分企业死在明天晚上。大部分看不到太阳，死在沙滩上。只要坚持就能看到后天的太阳！所以对每一个人说：你今天走路就是这么走过来的。

马云在湖畔学院的讲话

（2008 年 3 月 28 日）

我追求的那种阿里味儿

谢谢大家，我一直盼望有一个关于领导力的探讨。听大家在讨论，听得也很开心。很多很多想法都在撞击我。

我一直在做一些事情，但是做得对不对，还有平时在做的、在讲的一些东西，和大家想的是不是一样，没有和大家探讨过。很多东西讲了，一直没有一个充裕的时间来整理。这次，大家把手头上很重要的事情都放下来了，我觉得探讨领导力是很重要的事情。

我自己刚才也在反思阿里巴巴未来的战略，到底该怎么来领导？我们需要一个什么样的领导？我自己这么看：这世界上所有的领导者的最高境界是一样的，不管你做平台也好，做各种各样的技术也好。

我自己有幸见过许多优秀的领导者。我见过很多诺贝尔奖获得者；见过非常优秀的总统，像克林顿；也见过很多的优秀运动员、奥林匹克的金牌获得者；还有优秀的艺术家，我后来也在达沃斯世界经济论坛上见过各种各样的人。我发现这些人其实都是一样的，包括我见到过不少很朴实的农民。如果他做得好的话，一个优秀的耕地的农民和这个公司的领导者有着一样的境界。领导者在境界上其实是相通的，他们有共同的品质和思想。

今天不管领导什么，就算是一个农民，他想做好，就必须作为一个优秀的领导者来管理田里面的庄稼。他怎么分配他所有的资源，怎么去跟别人协调。反正，我听了大家的发言之后，感受到的其实不是我们将来做什么样的领导，而是做任何事情都需要领导力，都需要同样的品质和素质。

我非常同意领导力更倾向于艺术、管理更倾向于科学的观点。领导力是一种艺术，既然是艺术就要讲究一种平衡。我可能没有找到最好的词，但是这个词，这个意思本身，这个衡字说明了很多问题。

我是蛮喜欢平衡这个词的，可能领导最重要的技能在于太极图里阴阳之间的这条线。阴阳中间有一种转动，高气压到低气压，低气压到高气压，阴过了就是阳，阳过了就是阴。阴阳中间的这条线，我不知道叫什么，是不是叫平衡，我不知道，但就是这一点应该是领导者很重要的一点。

大家刚才也谈到领导者的魅力，比如幽默。当今世界上，幽默是很多员工和普通人对领导和领袖最期待的气质。但是我觉得很难让每个人都学会幽默，这是一个很独特的技能。让一个从来不幽默的人学会幽默是一件特不幽默的事情。

但我后来发现很多领导者，从农民到优秀的国家领导人、优秀的企业领导者，具有一个基本面，他应该有这些东西：他是他自己、他是个朴实的人、他是个自在的人。一个朴实的人，他知道他没有装腔作势，他昨天是这样，他今天还是这样，他是一个普通的人。

讲到这里，我突然发现我追求的那种"阿里味儿"出来了。克林顿这么厉害的人，他跟你聊天跟你讲话的时候，眼睛是看着你的，他是一个普通的人在听你讲故事。你注意到了吗？假如他把自己当作"我"，他的眼睛是这么斜着看你，或者是这么歪着听你的时候，永远都不行。

你去看那些优秀的领导者，在任何的台上他都是他自己，他是真实的表现，他错了，但他并不回避。一个人敢于笑话自己，他是有很强的安全感。因为只有你是你自己的时候，才会有安全感，装腔作势的时候永远没有安全感。

什么是内涵？我想就是一股气，只要你珍惜，只要你是你自己，你语言不好没有关系，但是你讲的是真实的想法。假设你的汉语表达能力不是很好，上台后最简单的策略就是把你想讲的东西讲完。有的时候你因为对自己的表达不放心，越描绘时间越长，陷入了一种恶性循环。基本上，当每个人明白自己是谁，该干些什么的时候，他掌握了自己的性格，了解了自己以后，就变得很自在，变得很放松，自己独特的东西就会体现出来。

有些不太会讲话的人也要找到自己独特的魅力去影响这个世界，你不可能去模仿克林顿，世界上没有几个人可以模仿他，模仿他是搞笑的事情。我想这个可能就是领导者的魅力，不管你走得多高，不管你坐得多低，今天你当总统的时候，或是今天你一贫如洗，你还是你自己。

看到浩瀚的宇宙，你就有了远见

我今天在这里看到一些标语，比如"超越伯乐""勇气和坚持"等。我自己也一直认为领导最重要的是眼光、胸怀和实力。眼光就是一种远见，但怎么去理解远见？我自己也在思考。很多人觉得一个优秀的领导者，是要看到未来美好的东西。但这是一种动态的平衡。你要看到美好的东西，是要在别人低落的时候看到美好的东西，在人们骄傲的时候你要看到灾难的到来，所以要把握这个平衡的度。

什么时候你要讲好，什么时候你要讲坏，这是一种眼光、一种远见。远见是一个优秀船长最重要的功能，他要能告诉大家，什么时候有风暴要来，这是他的经验、他的眼光、他的远见。我觉得在不同的角度上，你比别人看得更远、更宽、更长、更独特，这才是最关键的。

商鞅变法是被人恶骂的，但由于商鞅变法，秦国发生了变化；王安石变法的时候也被恶骂，由于王安石变法，宋朝发生了变化、后面的时代发生了变化。看待一个历史事件，我们要从长远的眼光来看。

每个人的视野、视角要看得更宽、更远、更深、更独特，然后你才能抓住这个机会。大家都看得到的东西，凭什么你有机会？所以我觉得一个领导者，读万卷书不如行万里路。其实我周游全世界，觉得自己实在是太渺小了。

我们还以为自己很牛，在自己的办公室、在自己的同事、员工和家人面前，哇塞，觉得自己很厉害。但是再走远一点看看呢，在世界上你微不足道。我是到了伦敦的格林尼治天文台才真正明白我是多么的渺小，那个宇宙是多么的浩瀚，地球像个灰尘似的根本找不到，地球都找不到，更别说人啦！你要想到这些问题，你就有了远见。

胸怀里边就有使命感

再来讲胸怀。其实胸怀是一个死命题。我刚才讲一个领导者要有很大的胸怀，俗话说男人的胸怀是被委屈撑大的。为什么你的胸怀这么大，别人的胸怀这么小。在我看来，很重要的一个原因就是这个人有强烈的使命感，他根本不在乎让边上的人骂几句。

这个很重要。胸怀这个字眼里边就有使命感。因为有使命感，你就有这种胸怀让别人去说，知道自己在做什么，而且我一定要把它做出来。比如我胸怀超大，希望改变人类；我希望影响别人，帮助别人，有这种使命感。这样，你往前走的时候，就如网上有句话，很傻很天真。别人看你很傻很天真，但是你比谁都意志坚强。从这里你可以看得到，胸怀就是你根本不在乎别人是怎么评价你的。谁冤枉你无所谓，为什么这称得上是胸怀呢？是因为你有强烈的意志要活下去，你想改变别人，你想完善这个社会，这就是领导者的气质。

我今天不想总结说，我们一定要往这边走，而是和大家一起探讨一些思想。

还有就是我们以前讲的实力，我今天看到标语上这么几个字，"勇气和坚持"。我以前讲过，实力就是抗打击能力，你怎么打我我都不倒，明天又来了。在这里面可以看到实力是一种"勇气和坚持"。为什么你有勇气，我们所谓"艺高人胆大"，我敢走。

勇气是因为你"艺高人胆大"，而坚持是因为你有"使命感"。你可能比别人看得远，你看到的角度别人可能没有看到，所以你坚持走下去。在勇气和坚持这两个词里面，上升到一个高度就是，勇气是在压力面前还敢不敢坚持；坚持往往是在压力和诱惑面前，你敢还是不敢。这是领导者很重要的一个东西。

压力压得大，比方说 SARS（非典）爆发的时候，整个阿里巴巴都感觉到天要塌下来了，明天要把我们的门关了。我们阿里巴巴从来没有比这个时候体现出更强大的领导力。当时我们说不能忘记客户，我们还是要往前走。那个时候真的有点像外星人打地球，一场 fight（战斗）。

除了压力，还有诱惑，昨天我和卫哲（曾任阿里巴巴 B2B 公司 CEO）在讲，路演的时候，按照我们的资金、所有的认购量，一千八百亿美金的无底价订购，我们真的可以在十八块十九块左右轻轻松松地卖出去，多卖一块钱，我们就能多拿一亿美金，就可以多一个阿里巴巴江对岸的园区，十三万平方米。在这个诱惑面前，你还是不是坚持你的使命感？很多人在诱惑面前软掉了，在压力面前弯掉了。

其实领导的最后实力在于勇气和坚持。真正的将军是在特别的时候才看得到的将军。大败敌军，掩杀过去的时候，这个将军的勇气和领导力你是看不出来的。撤退的时候才看得出来谁是优秀的将军。撤退的时候，在压力面前、在诱惑面前，敢于做到理想不减。

淘宝五年不收费，一个是我们要实现我们的承诺；另外一个，我们知道 B2C、C2C 的市场很大，要抢占制高点。在这个诱惑面前，在压力面前，偏偏有人在说，哎呀，阿里巴巴是不是不知道怎么挣钱了，你们好傻等等。So what（那又如何）？

因为你看得更远，因为你知道你的使命不是挣点钱，而是创造一百万个就业机会，改变无数人的命运。所以我们说"不"，继续往前。勇气让我们知道自己的使命。

要认清自己，但不是狂妄。

用人的最高境界是提升人

然后我要讲到团队的配合。当你周围的人都说你很好的时候、都认同你的时候，往往就出现问题了。你边上有什么样的人，就会产生什么样的结果。今天我不讲公司内部的例子了。刚才我们在那边喝茶的时候说，克林顿喜欢让经济学家围绕身边，他就不喜欢打仗；老布什任命鲍威尔，一个将军为美国国务卿，还有拉莫斯菲尔德等等，都是军人。所以你去看，边上有什么样的人，他就会做出什么样的决定。

假设领导者没有一个坚强的使命感，没有胸怀、眼光，没有实力，我相信他会越来越接受边上人的影响。当然，这是领导者自己的责任。当你经过了大量的打击，就逐渐有了一点领导力，领导力是在最后显现出来的，领导力是培养出来的。

但是不要忘了领导者也是一个普通的人。有时候人们把你给神化了，但是神一定会从台子上被扒下来的。不管你是谁，天下都没有神。神不是人，是一个想像的东西。等人们看见你以后，你只是一个普通的人。因为人有魅力，而神是没有魅力的，神只有光环。

所以我们今天要明白，每个人要做自己。只有你是你自己的时候，你才是自信的，不管别人喜欢不喜欢。这个人很严肃，一点不幽默，但很真，我就愿意跟着他；又如果，这个人很幽默，也很真，我也愿意跟着他。这些东西，我考虑，作为一个领导者，首先要 Be yourself（做你自己）。

在这里我看见很多优秀的话，当然在这要讲到我非常喜欢的"超越伯乐"。我觉得自己就是这样的。我在学校里面坚持当了六年半大学老师，感受最深的一点是，如果有一样让我骄傲的东西，那会是什么？就是老师所谓的青出于蓝而胜于蓝。

老师太希望学生超过自己，爱他们你才会这样。当过班主任老师的知道，当过老师的都知道，他永远希望有一天学生超越自己。他经常跟你讲，这个学生当市长，那个学生当大老板，哪个学生会得诺贝尔奖。

其实团队也一样。领导者最希望跟他在一个团队里面合作的人超越他。老师永远不要和学生去比。学生总有新东西，不要和学生去比，听说现在有个火星文，你让老师去试试看。何况，加入阿里巴巴的人都不是孩子了。

我觉得用人的最高境界是提升人。Professional manager（职业经理）和 leader（领导者）的区别是什么？我招到一个好人，把他放到一个合适的位置上，这是很正常的。但是最高的一个境界是我们还没有达到的、正在追求的，是我招了一个人，在用的过程中养他，越养越大。我们今天还没有做到这个境界，至少我没有做到这个境界。

我们今天养了很多人，但是很多人在公司用的过程中，枯竭掉了，他的身体被打垮了、精神被打垮了、技能被打垮了。没有达到"养"的境界。养不是说真的去养一大堆食客，而是在用的过程中把他养好。这个就是"超越伯乐"。

当老师的经验告诉我，要做我们自己，是人就一定有很多错误。很多熟悉我的人，会说"这个人实在是太从容了"。你才剥开两层，看上去都是对的，近看，放大镜一照，都是戏。真的，因为我知道自己。我火气一大，我不说话，很多人没有看见，但是走近了呢？

所以我感谢这个团队，他们的胸怀比我要大。我是 CEO（首席执行官），所以一定是他们适应我而不是我适应他们，所以我觉得他们的胸怀比我大。你们的员工胸怀一定比你大，不要去怪员工，说"啊呀你的胸怀怎么这么差"，他的胸怀其实比你的大多了。他是员工，你是老板，是他在适应你而不是你适应他。你这么去想的时候，你的心态就会好很多。

有的时候发完脾气回来想想真是后悔，但是普通人真说不出个所以然。但是当你学会说 sorry（对不起）的时候，这就是个度量，你就在进步。我经常讲，人要成功，一定要永不放弃。但人又是在学会放弃的时候才开始进步。什么时候该坚持、什么时候该放弃、什么时候该退一步，这都是一个要平衡的度。

太阳升起时买雨伞

领导者的艺术，我认为，假设这个词叫作平衡的艺术，其实就是不放弃和放弃的艺术，就是关键时候该做什么事情的艺术。太难了！五年前阿里巴巴说这样那样，现在有人跳出来说"你不是说坚持五年吗？怎么现在又变化了"。这个时候我们就要谈到"拥抱变化"。

创新这个词大家很熟悉了，全世界包括中国都在讲创新，但是创新到底是什么？你创新了吗？你做完以后，人家说，哇！你好创新！但是创新是做完以后才发现的事情吗？你在做的时候知道在创新吗？其实创新是寻求变化的一条路。

创造变化、拥抱变化是我自己的理想。我个人理解这么多年来阿里巴巴最独特的一点就是拥抱变化。人，特别是既得利益者一定是害怕变化的，其次，很多人只是在适应变化，而阿里巴巴这个词比较过分，叫"拥抱变化"。

但是变化是很难的，尤其在好的时候要变化更难。不好的时候变也变不好，出现危机了，要找新的 CEO 了，开始寻找救星了，这个时候变不好了。世界上没有多少救星。要在阳光灿烂的日子里修路，风调雨顺的时候做准备，太阳升起时买雨伞。

"拥抱变化"是一种境界，是一种创新。"拥抱变化"是在不断地创造变化。变化有的时候是为变而变，但更多的时候你要比别人先闻到气味不对。这个就属于创造变化，为了躲开想像中的灾难，为了抓住想像中的机会，你要不断地去调整。所以"拥抱变化"其中一个很重要的点，大家要去理解，就是这个变化绝对不是不好的变化，而是说你对灾难的预测，对好趋势的预测。

"拥抱变化"的学问非常深，因为它是创新的体现，也是一个危机感的体现。一个没有拥抱变化、创造变化的人是没有危机感的，一个不愿意去创造变化和拥抱变化甚至是变化自己的人，我不相信他有创新。变化是最可能体现创新的。

但是遗憾的是，在操作过程中，很多人把它理解成为变化而变化。很多人把这个推到领导的责任上，为自己的错误找借口。我已经说了，创新就是让人家付出代价，难道就不允许领导犯点错误吗？

我们做 leader(领导)的时候根本不知道未来是怎么样的，只能是往前走。错了，当领导的要这样，自己打自己两个耳光，鼻血都打出来，然后说"我错了"，要么你再打两下。如果你死扛，这个时候不要说魅力，连基本尊严都没有了。"拥抱变化"是阿里巴巴五大价值观中和很多其他公司不一样的东西，很独特。

最后，简单地讲，领导者就是做人、做事、做自己。做事是通过别人做事，做人是怎么去做得真实。做人的道理是远见、胸怀和实力，然后加一个团队的价值，这个就是我理解的领导力。今天你们也可以把我的观点加到里面，继续讨论对不对？领导力是一个永恒的话题，领导力是可以培养的。我想，我今天的这个样子和十五年前完全是两个模样，这是我要告诉大家的我自己感受到的东西。

马云在投资交流会上的演讲
（2010 年 3 月 18 日）

各位，学习的时间最好是三天，以前我觉得学习最好是用星期六、星期天，但后来觉得你真认为学习重要的话，就应该把上班时间留下来学习。

第二个，学习的时候你担心公司要瘫下来的话，你更要来学习。

我在北京待了一个半月没回公司。有时候很奇怪，最重要的决定往往是在路上做的，往往是不在公司的时候，还往往是在公司业绩最好的时候。

记得有一年，我、COO、CFO 都休假去了，结果那个月的业绩是最好的。你离开公司的时候，一个是给团队足够的时间去独立思考和运营，有些决定也是他们能做的；第二个，你离开的时候，对你的帮助很大，对别人的帮助也很大。

这三天时间，临时增加一天时间，让大家多了解一下阿里巴巴，阿里巴巴也希望多从你们身上学一点。

大家有任何针对我的、针对集团的，甚至业内业外的问题，都可以提出来，大家一起探讨，然后我借题发挥。

人不能说我不犯错误

早上我见了哈佛大学的校长。现在哈佛大学校长、宾夕法尼亚大学校长都到中国来，想了解中国经济、中国未来的发展、中国企业的发展。

学习将成为一个很重要的主题，我跟武卫讲，阿里巴巴一有机会就跟大家合作，但今天这个市场上钱也很多，别人需要的不一定是阿里巴巴的钱；第二个，阿里巴巴的资源确实也不少，但未必对大家都是有用的。只有一点，我相信每个企业都差不多，就是经验的分享。

天下几乎没有企业不犯错。为什么大家经常喜欢说《赢在中国》做得不错，因为《赢在中国》那帮小孩犯的错误，我们都犯过，都差不多。

人不能说我不犯错误，一定会犯错误。

在今年的亚布力论坛上面，李彦宏讲他的目的是不犯错误，等待对手犯错误。我的观点刚好相反，第一我允许自己犯错误；第二我允许团队犯更多错误，超过我。人只有放松了，才能做得好。我们现在有这样的自信，我觉得即使我犯了错误都不会倒，即使我的团队、我的同事犯了错误也不会倒。

当然我们不会愚蠢到要故意犯错误。毫无疑问，由于允许自己可以犯错误，做事情就会轻松起来。什么叫创新，就是认真地玩。很认真地玩的时候，就在创新，创新必须是放松的。承受很紧张的压力，怎么可能创新。你不允许团队犯错误，我可以告诉你，你就不可能成长。

中国传统的用人方法"用人不疑、疑人不用"，这是最基础的，我希望大家提升到"用人要疑，疑人要用"，这样才能创新。

用人要疑，这个人财务做得非常好，把他调到技术部门，你要想想，这可能不靠谱，然后他说你不信任他。其实这跟信任、不信任是没关系的，你知道把他放到那边去就是自杀，所以不让他去。

有人说，领导你把工作交给我就行了，什么事儿你都别管。我一定要管，他说这句话的时候，你就要管他了。我上过很多这样的课，当然不是一次两次了，有的同学说没关系，你1月份定的计划，12月份要完成，比如说一千五百万，你放心吧，我一定完成一千五百万。到年终的时候我很好奇了，怎么样了？他说那你就不相信我？他讲的有道理，但用人要疑！

你觉得我特放心，这样的人心里特别踏实，我告诉你，创新就不会有了。有的时候我也不知道这家伙哪个方法是对的，因为你不一定需要完全了解。让人家试试看。干吗允许我失败，不允许别人失败？所以疑人也得要用。

信任和怀疑都有一个度

另外一个，我充分相信我们团队。比如说陆兆禧，陆兆禧在运营淘宝，我就坚信这点。今天对淘宝的了解，陆兆禧比我多出不知多少，因为他90%的时间花在淘宝，我大概只有不到10%的时间花在淘宝，我不可能比他懂得更多。某种程度上来讲，他做的决定，我98%以上会同意。因为我相信即使我去做，我也会犯这个错误，我不见得比他聪明在哪儿，唯一比他好一点的只有这几个。

第一，我抗输的能力比他强，输掉了，再来过，反正我们还有阿里巴巴，我们还有支付宝，我们还有阿里云，再来一下。

第二，也许他头钻进去以后，因为他在具体运营里面，他被业务绑架的可能性比我大，我不会被绑架，搁下就搁下，可能看到的信息比他多，会放松一点。但是细节、执行、具体产品真搞不清楚，所以我经常表扬别人，这个产品做得好，那个服务做得好，其实跟我一点关系没有。网上说淘宝、阿里巴巴、支付宝这个产品做得真好，马云真聪明，其实跟我一点关系没有，我都不知道有这个产品。

好多时候我都不知道阿里巴巴有这样的服务，他们说马云真阴险，搞了这么一个产品，推出这个服务，那个规则，其实跟我也没关系，我也搞不清楚，逐渐时间长了，我心里就很放得开。

但是有一点，请大家记住，在团队当中，充分授权，必须信任，也必须怀疑。任何事都有一个度。阿里文化里面讲的是一种哲学思想。

外面在传说我们现在是"道家"文化，入道教了。我最近出去，他们说马云现在进道教了，说实话，我跟道教一点关系都没有。但是从道家里面我学到了阴阳、虚实，这在企业运营过程中是极其关键的。企业运营到一定程度，读书读到一定程度，学的都是哲学，怀疑、不怀疑、用、不用，这个度的把握。高手和低手之间的区别就在于度的把握。

要判断未来的灾难

今天阿里巴巴公司肯定有很多问题是外面看不懂的，但是你说我们自己都看懂了，那也是胡扯。

曾教授画了一张战略图，这张图说，你一定能做得出来。我只能说，要讲缘分。但是我们有一点还好，我们比任何人都坚信自己这张图，不像有些人给VC（风险投资者）看的时候，自己都不相信这张图。我们这张图是给自己画的。

现在概念特多，云计算还没到，互联网都已经搞得很大了，而且搞得天翻地覆。我自己认为阿里巴巴做云计算，不是因为概念，而是不做我们要"死人"的。我们做是因为我们必须要它，我们不做这个，五年后阿里巴巴会出问题。

不是我们想要更多的概念，不是想再创造一家上市公司，不是因为我们特先进，跟这个没关系。为什么淘宝会赢？大家可能讲什么免费政策，这些都是术，真正的道是我们不做淘宝，阿里巴巴就不会有今天。

我们看到当年 eBay 的这个路子，但是很遗憾，eBay 换了管理层，这个路子换掉了，没有按照这个路子走。如果当时他们的设计思想跟我们今天这样的话，形势会发生很大的变化。

做支付宝也不是我们想进入金融，不是想赚更多的钱，而是说不做支付宝，淘宝就活不下去了。我们每次做这个叫"没办法"，你一定得做。今天的云计算跟之前一模一样。你是发自内心觉得要做，不是因为股东要你做，不是市场概念要你做，不是投资者要你做，不是竞争对手在边上做所以你也要做，而是说我不做要"死人"。

当然有一点，今天不做，今天就要"死人"的事情，我一般也不想做了，那我宁可死掉，做好也要死的；但是今天不做，三年后要"死人"，那今天一定要做。

CEO 第一难就是难在这里，你们都是一把手、二把手，最难的是你要判断三年以后的灾难是什么。在所有人兴高采烈的时候，你要判断未来的灾难。相反，所有人都在考虑灾难的时候，你要判断再过多少时间，穿过这个山就是一个峰，而且这个峰你自己要 believe（相信）。这样，机会就来了。

所以当 CEO 的难处是在这个地方，CEO 是没有功劳的。你说三年后有这个灾难，你每天的工作就是把这个灾难灭了，三年后这个灾难果然没了。你不知道要干什么，其实你已经把这个灾难消灭掉了，但是你搞了三年灾难还是出来了，你就倒霉了。成功的 CEO 是没有功劳的，有的时候他是孤独的。

后来发现是用户照顾了我们

我心里内不内疚？内疚的，一个多月没回公司了，不知道自己在忙什么，今天见这个，明天见那个，好像跟公司一点关系都没有，好像很多只跟自己有关系。但我心里知道这个大方向，我是在为这个公司，我是在为这个团队。

十年前我只要照顾好自己，后来要照顾好十八个人的团队，他们好就是我好，后来我发现我们照顾的人越来越多，最后发现我们要照顾一万八千名员工。现在更搞大了，几百万淘宝开店者，几千万阿里巴巴小企业，几亿消费者，突然发现我承担的责任比大官员差不到哪儿去！

现在如果我们说关掉算了，你能算吗？可能十八个人富起来了，可能一千八百个人富起来了，但还有两万名员工是带着希望和信心到这个公司来的，还有几百万在淘宝开店的人是带着希望和信心，希望创造一个很好的生活，改变蜗居的状态到淘宝来开店的，很多小企业相信你的承诺，把公司放在上面，你怎么面对他们？你搞大了。

当然你说真是我帮他们，我照顾他们吗？不是。后来发现是他们照顾了我们，十八个人创业的时候照顾了我，两万个人照顾了十八个人，几百万、几千万用户照顾了两万个人，你真正这么想的时候，心里还是挺感动的。

第一，这辈子可以让我们这些人做一家公司，可以影响那么多人；第二，有这么多人追随你讲的故事，这么多人相信这个故事，逐渐完善这个故事。我怎么有本事给十八个人带来财富，怎么可能有本事给两万员工带来财富。

我们没有钱。那是谁给我们带来的？客户、用户、这个时代。

我确实觉得感动，感谢能做这件事情，给了我这么一个机会，感谢这么多人给我机会。所以今天想清楚这些问题，做事情的时候就会放松。谁也不是神仙，神仙也犯错误。

今天我们到这来探讨一些问题。大家在运营过程当中，遇到的挫折也很多，而且我们允许自己未来十年犯错误，但是有一点我们 believe，就是曾鸣给大家画的阿里巴巴战略图。

你心里是不是 believe，你是可以感受出来的。很多人是在讲故事，搞 VC 的时候讲故事，我也在讲故事，但是两个人都在讲故事，你还是能感受出来忽悠与不忽悠的区别。我讲的是我 believe 的东西，忽悠是不 believe 的，让你相信，他自己不相信。

这世界上有很多东西是可以做的，但是你真正想做的事情并不会很多，真正到你想做这件事情的时候，你才会源源不断地产生激情。轮到别人叫你做的时候，你就惨了，你跟被强迫差不多。

做 CEO、做创业者，这还是蛮有乐趣的。已经很辛苦了，搞了半天，还是别人让你做的，你就更辛苦。你自己想干的，那就干；不想干，那就不干。

马云在"百湖回炉"的讲话
（2011 年 5 月 11 日）

最难的是"拥抱变化"

最近公司里发生了不少好事，但也发生了不少不好的事。我刚才听说，你们这几期是 So Far So Good（目前还好），最痛苦的是待过三四年的人，有点烦燥，有点痛苦，有点难受。

昨天我在上海见到一位马上要加入阿里的人，他问我有什么东西是需要重点关照的？我猜，问这个问题的人，基本上都是被卫哲这个事吓坏了。

第一，卫哲不是自己价值观有问题，阿里的价值观也不另类，是整个诚信商业社会都应该遵守的。

我那次在组织部会议上讲了，阿里巴巴的价值观不是马云的价值观。客户第一、团队合作、拥抱变化、诚信、激情、敬业，这 6 条我觉得没有一条是违背社会发展、商业发展的，所以这不是马云的价值观，而是我们这一代要做企业的人都得坚持的。你没有激情不可能，你不敬业不可能，你不团队合作更不可能。

第二，新人加入阿里最难受的是什么？我觉得可能是"拥抱变化"。

"拥抱变化"最容易的借口是：你看你看，老板在为犯错误找借口。请问谁不犯错误？

天下没有神，只有很有运气的人。有人把马云看成神，但我自己最清楚我是谁！我跟谁都一样，从来没觉得自己聪明过，也从来没觉得自己能干过。别人把你捧得高高的，不要以为你真的是高高在上了。

但是我们的运气就是比别人好，这个没办法！这条路10万个人走过，没人发现地上有一颗钻石。这个哥们儿捡了起来，哎呦，一下就变成了百万富翁。

所以，运气是存在的，但我们这些人走到今天，心理承受能力、对事情的执着是超过普通人的。这也不是我第一天就有的，而是打着打着，打拼到今天为止，承受力就比别人大了。对于普通人来讲，这是心理疾病患者。但是我们是怎么治疗的？找心理医生吗，估计我能把他给看坏了。

治疗"心理疾病"得靠唤醒心灵的抗体，最佳的药不是外面的药，而是内部抗体的诞生。我问自己找怎么会扛得住？其实我不知道自己有压力，前段时间去看牙医，牙医说你这个牙怎么磨成这个样子？我说我没磨牙啊！后来一看，牙真磨得非常厉害，证明有压力。

前几年我深更半夜会做梦爬山，而且是攀岩，上不去也下不来。一会儿这块石头松了，一会儿那块石头松了。晚上被这梦惊醒过很多次，我知道可能潜意识里有压力。

我敢保证在座每个人都有压力，在这个公司里面最难受的就是"拥抱变化"，因为没有人是"神"。

把赚来的分出去

今天阿里巴巴的很多成功绝不是马云或者管理层团队当时做了正确的决定，其实有很多我们当时信誓旦旦的事情都死掉了，只是事后不好意思说而已。

大家都说红军老战士意志力太强了，2万5千里都坚持下来了！我前段时间去贵州考察茅台为什么那么红。飞机到了贵阳，从贵阳到茅台酒厂开了三个半小时车，那时候红军都用腿走的，真是了不起！我问几个老红军怎么可能坚持呢？你们的意志太强了，共产主义思想太坚定了！

他们说，那时候就是身体好，运气也好；身体好，没生病，就活过来了；还有人身体比我更好的，运气不好，脚扭了，摔了；还有人熬不住了。我就是逃过了，逃过以后发现已经是九死"二"生，接下来该干点有意义的事情了。

因为边上的战友都死了，而你活过来了，你会觉得这辈子反正差点死掉过好几次，活着就赚了，接下来干的活要有意义。

今天的我，或者阿里巴巴的"老人"，为什么坚信我们能推动新商业文明？我们都是当真话的，因为公司至少有过四十到五十次死掉的机会。但是我们居然可以整着整着整大了，整着整着还有点靠谱了。这个让我们明白自己很幸运，这个让我们明白后面那些年都是赚来的，得把这些分出去。

文化因考核而坚固

在座的人可能是后加入阿里巴巴的，要了解这家公司，两本书是比较好的，一本就是《阿里的道》，这是员工写的，看过以后，能明白我们这些年走过的路：为什么当时做那样的决定；有些决定对了，不是因为聪明；有些决定今天不可以改，有些可以改。

你知道吗，有的时候我们要改变，首先要明白原因是什么。

我师傅是中国顶级的太极高手，他有一次到广州看人家在公园里打太极，他说我发明了这套太极，怎么他们多了一个动作，打到这里时脚会动一动？原来那个教练脚有毛病，他会动一动，结果广州那些学太极的人都会动一动，不明白为什么，只是跟着学。

我们有些东西可以改，有些东西不可能改，比方说价值观。

这个公司假如说有精髓，走到今天就是价值观。Review（考核）好和坏，有没有效果，这个可以 Improve（改善）；但如果文化不考核，这个文化是永远不会出来的。

天下没有人不认同客户第一，天下没有人不认同团队合作，天下没有不认同诚信。你去问一下，诚信对不对？对啊，但是你不考核它，它是出不来的，文化是靠考核出来的。

前几天我 4 岁的女儿说，爸，这杯水给我拿一下。我拿过去，她走了两步，突然跳过来说 Thank you（谢谢）。我心里在想她怎么会跳回来跟我讲呢？明白了，幼儿园老师教的，她形成了条件反射。

假如 B2B 这个事情不处理，再碰到类似的事情，有几个人会拍桌子，会把桌子掀掉？继续来过，有人会吗？不会。但是今天这个事情搞大了，这就是训练。

所以我告诉那个即将加入阿里的朋友，我说"拥抱变化"是最难的。

作为领导者，你们进了组织部，还有一条考核得分一定会低的就是"超越伯乐"。因为你们招聘进来的人，往往都认为自己比老板能干，就像你认为你比老板能干一样。"超越伯乐"是非常难的，你真做到这一点，发现下面的人超越你的时候，你才觉得这辈子你成功了。换句话说你发现自己的儿子超越了你，你才觉得这辈子有继承人了。

当老师最得意的是这个学生当校长，那个学生当书记，那个学生当市委委员，那个学生当老板，而不是说这个学生判了刑，老师还笑。

我们走到今天，很多决定和问题，你甚至可以找到当事人问问，弄明白背后到底是什么！有人说马云的话要挑着听，我觉得不对，要听到底是什么意思。参谋长经常要问背后是什么，如果绝大部分员工听了例子就当指令去了，这个麻烦就大了。

所以我觉我们都是平凡的人，你我一样，我以前一直坚持这样，今天还是坚持这样，我们都是平凡人，你认为自己很伟大，请你离开我们。我们不需要伟大的人，我们不需要精英，我们只需要平凡、努力，不断学习。如果这些东西结合在一起，我们就会变得有运气。

第二本书，我看着挺逗的，就是陈伟写的《这才是马云》。当然这本书还是美化我了，很多事情我没那么聪明，但在边上看你总是不一样。

你们就把这个人看成路人。只是他心理有点怪异，执着力比较强，人又特别好，又有点古怪。

如果说我语不惊人誓不休，事实上我没有想过惊动别人，只是从小到大养成了这样的习惯；有人说马云你太高调了，其实我也没低调过，也没高调过。从小学就开始这样讲，就是这样的脾气性格。假如我什么时候低调了，你们还会觉得奇怪。

你们到公司的时间有长有短。我们这个公司就是一帮有理想的人建起来的，这个理想也不是第一天就想出来的，而是经历了这么多痛苦以后才得到的。阿里巴巴的人觉得我们太赚了，接下来就想把这个运气分给别人。

我相信把运气给别人的人，运气也会不断地反馈回来；运气都往自己口袋里装的人，问题一定会很大。

革自己的命最难

先跟大家吹吹风，可能两三个月内，我们又会有大变革，而且这个变革会超乎大家想象。

变革是一定要来的，因为你想，我们今天像延安，一帮理想主义者聚集在这里，其实外面已经像铁桶一样：胡宗南的军队已经在包围我们——外面的电子商务市场、搜索引擎、SNS 已经形成了大包围势头。

我们得有危机感，战局可能就在这两三年里瞬息万变；我们得懂变革，如果不放弃延安，就不可能得到全中国。

大家记住，不是我们喜欢变革，不是我们善变，而是市场变化太快。记不记得盖茨以前讲过，任何软件不可能超过 18 个月！今天任何公司能够红 18 个月就很了不起了，更别说一个产品。

所以我们提出把"拥抱变化"形成一种文化，形成一种胸怀。

这个公司就是这样，因为没办法，这个行业就这样，谁让我们进入了一个倒霉的行业！聪明的人都跑到这儿来了，打得太累了。钱往一个地方赚，人往一个地方挤的时候，日子就不好过了。假如我重新创业，我一定杀到传统行业。

B2B 今天就是被人家围剿着打，而且一口一口地挖掉；淘宝今天也一样，速度跟不上；支付宝现在 So Far So Good；我们还有一支核导弹部队阿里云，人家也不知道会干嘛，也不知道会整出什么样子，所以那个地方还靠谱——别人不知道从哪里咬起。但是不靠谱的是阿里云还没长出东西来。

这世界永远是一对矛盾，在你没有长出东西之前，死都没人知道；长出东西后死，大家就看着你死。而且像淘宝、阿里巴巴出这样的事，有人就太高兴了，这是实话，死了以后大家觉得真是遗憾啊！但是看你死的时候大家特高兴，有娱乐新闻了。

所以我想告诉大家，我们的局面并不乐观，今天我们不变革，就是明天的微软。微软还红过那么多年，我们连红也没红就出问题了。假如我们不灭自己，别人也会灭我们。

革别人的命是容易的，我们把 eBay 给革了，但革自己的命是最难的。而且我确实不否认管理层也好，决策层也好，都有过错误，做过一些愚蠢的决定。昨天打仗，今天撤回来，但是有一点要明白，你不变，一定死；变了，也许死，可说不定也就蹿出来了。

所以我先给大家吹吹风，也许今年，也许明年，Some thing will happen（有些事将会发生）。只有这种气度才会使我们与众不同：打散了，然后迅速聚集起来，再打。真正的拳手不是出手多快，也不是多猛、多狠，而是遭到重击趴下，然后爬起来再冲上去，这个哥们儿是可怕的，他的抗击打能力太强。

我们要从有做到无

B2B 现在遇到了一些挫折，但是我告诉大家，今天我们能有淘宝、有支付宝、有阿里云，全因为 B2B：它融资以后才让大家心里有了底气，敢不停地整出新公司；第二，它为整个集团输送了大量人才。

我上次在组织部会议上讲过，未来 20 个月，主要有三件事情：第一，我们一定要通过各种手段打通整个公司；第二，在阿里金融方面必须要有重大建树，不是我们想赚多少钱，而是今天的创业者、今天的中小企业需要这样的服务；第三，整个集团必须在 20 个月内建立起新的创新机制。

什么是创新机制？员工的 Option（期权）和干部的 Option 体制重建。

我们今天走不动了，走不动的原因是什么？这是历史问题。雅虎有一块，软银有一块，阿里巴巴就这么一点点，公司决策是我们定的，但你要从他们那里挖出 0.01 的股权，基本上跟拔活老虎的牙一样难。他们是过来人，都知道的。

阿里巴巴这帮创始的老人，财富再加一个零也不可能超越比尔·盖茨，即使再加两个零也不会超越比尔·盖茨，但再低，我们也不会穷，我们也知道怎么花钱。这个时代给的机会，不好好整一整太可惜了！

我们必须做新的机制创新。这些机制的创新会让更多的 M3、M4、M5 的人蹿出来，让年轻人出来在第一线，我们很多的人可以在背后支持他们作战，一定是一代胜过一代。

我们怎么建立这套机制？将来应该是云管理、云思想，在背后支持作战。

现代战争的作战将是以云为单位，后台体系非常强大，前面的兵是很少的。我们今天的管理也要年轻人在前面，后台提供强大整合数据。

记不记得 10 周年晚会上我讲了几个目标：一千万的小企业，一个亿的就业机会，十亿的消费者。我们要采取的策略是什么？阿里巴巴前 10 年从无做到了有，未来 10 年我们要从有做到无，这个"无"是无处不在的"无"，不是没有了。

要从有做到无是很难的，换句话说别人用了这个服务，根本不知道这个是阿里巴巴的，根本不知道这个是淘宝的。像我买的手机，根本不关心里面的芯片是谁做的，里面的螺丝谁做的，只是看这个手机体验好不好。

我们不一定让中国人记住淘宝网，记住阿里巴巴，记住阿里云，他享受体验的是一种服务就好。所以从这个角度来看，未来的调整一定会很大。准备好吧！

格局的"格"是人格和性格

我们还要有"赢在细节，输在格局"的战略思考。你要想赢，注意细节，没有细节是赢不了的；你输一定是输在格局上。

格局的"格"就是人格和性格，一个公司有自己的性格，才有人格的魅力、公司的魅力；这个"局"是战略。小屁孩赢了很多，一下就灭了，前面在赢，后面就输了。性格就是我们公司的文化，人格魅力就是我们的人才体系组织，在这个基础上布大局，各阶层去实施完成。只有这样，我们才有可能叫板这个时代，说我们创造了一个创造性的公司，否则都是瞎掰。

我管不了13亿人，但是我们要管住2.3万人。我们不Care（关心）外面怎么样，别的我也管不了，Your Job（你的工作），你得管好。只要我们这个样子，我们赢了，就意味着无数企业会跟我们一样走向新的商业文明，开放、透明；我们输了，就意味着这个思想体系输掉，这是我的理解。

如果看IBM、微软、Google、Facebook的走势，几乎都一样。我去Facebook跟他们管理层讲话，他们都笑了。那个CFO讲，你怎么讲话跟Mark一样！

不是我跟他一样，而是真正开放、分享层面的思想是相通的。

合作文化很难出个人英难

我希望大家记住，今天这个公司在发展中碰上的所有困难，任何一家公司都会碰上，任何一个组织都会碰上，只看你会不会放弃。绝大部分人在漫漫征途上逃掉了，而他没有放弃，这个坚持到底的哥们儿后来就变成上将了。

B2B上市之后，近一千个阿里巴巴人成了百万富翁。我在之后的会议上问他们，你们很聪明？我认为我们不聪明，那时候只要不是太残疾的人我们都招过来了，当时谁会相信互联网。你们很努力？比你们努力的人不知道有多少，没日没夜干的人太多了！

我认为我们有运气。

在座各位，猎头公司肯定都找过你们，而我只被找过一次，还是搜狐找我的。猎头说，有家互联网公司，是中国三大互联网公司之一，要找我做COO。那几天我刚好在北京，就去了。有个人一本正经地坐在那儿，他讲了一大堆，中文和英文结合在一起的。

我说这样，我也不知道怎么做COO，你倒可以当COO。结果他还真当COO了，那个人就是现在优酷网的CEO古永锵。

阿里巴巴这么多年来被猎头公司挖去的人太多了，稍微认为自己能干的都被请去了，还有一些认为自己可以创业的人也都出去了。那些既没有猎头公司挖他们，也不敢创业的人留下来都成功了。而且还有很奇怪的事情，他们说统计了一下，阿里巴巴出去的这帮人，很多都当了一些公司的副总、经理，原来都是员工啊，但没有一个真正成功的。

可能是阿里巴巴的团队合作文化导致很难出个人英雄，我们都是配套的，一套一套的文化配合。

有一个公司把我们公司二十几个小年轻请去了，那个公司老板跟我打电话，他说马云，你派了一批间谍到我们公司来策反。

我说我还没骂你呢，挖了二十几个人过去！他说，这帮家伙天天在我们公司讲价值观，说我们不考核价值观。

他们不考核价值观还难过了，结果人家老板不认这套，结果里面弄得乱了。我觉得这是一个公司的文化，就是这样。

第一认命，第二欣赏

加入这家公司后就两条路：第一认命，第二用欣赏的眼光看它。

有一个人说怎么样可以 Landing（着陆，意指融入），怎么样可以 Peaceful landing（完美融入）。我现在感觉能 Peaceful landing 的人都是两种性格的人。

第一是 Savio 型的，就是 I come，not to change，I come to help，（我来不是为了改变，而是为了帮助），而且是 Help 一点点。所有 Peaceful landing 的人，都因为公司不错他才加入，如果公司很乱，他会觉得我加入干吗？我是来锦上添花，做一个调整的，这样共事的人也很高兴。如果说这个是错的那个是错的，赶紧重新来过，人家就会说那你牛你来，基本上是这样的。

第二，他对任何新奇古怪的文化都带着好奇。带好奇心的人往往会赢，老是嗤之以鼻的人都会出去，很奇怪。

我发现老外有一个特征：假如说他不喜欢学中文，那在我们公司肯定待不长。他连中文"谢谢""你好"都不愿意说，他怎么会欣赏我们的文化，喜欢中国？而且在中国当 GM（泛指高层管理者）的老外，个个眼睛长在头顶，他是不可能赢的。

在跨国公司中你要找的是叛逆者，在民营企业中你要找的是正人君子。民营企业路子野，你要找正人君子，"这样不行，要那样的"，这是好人；跨国公司都是按照流程走，如果是一个叛逆者，必须拖出去。所以我说虚的要做实，实的要做虚，文化是虚的，必须做实，必须考核，只有做实了，这个文化才值钱。业绩是实的，做虚它，你就会有机会。

我告诉大家，进入这家公司，就认命吧。它的体系都是建立在这个基础之上的。加入我们这家公司，就要从六大价值观和使命感上去理解，然后你建的法制、结构、体系都是按照客户第一、团队合作、拥抱变化这些来的。

我告诉大家，我们一定有很多问题，这种十一二岁的公司就像十一二岁的男孩子，不可能没有问题。而且问题会越来越多，越来越大，只不过不知道什么时候轰然倒下而已。

只是，别倒在我们这代人身上，别倒在我们下一代人身上。倒在五代以后，说实在的，跟我们也就没关系了。

昨天婚礼我跟他们讲，我是婚礼证婚人，证婚合同是 90 年。我说新娘，想清楚没有？ 90 年以后你要改嫁，你去吧，我管不了。

我跟大家可以打一个赌，我们这个价值观以及使用价值观的方法，20 年以后中国所有的企业一定都会这么做，全世界优秀的企业一定也会这么做，只是我们比大家早了 10 年 20 年，所以我们很容易死。

但是一旦活了，那就搞大了！这是我个人的理解。

给自己一个机会说"try"（试试）

这套价值体系是 GE 的杰克·韦尔奇提出来的，我们本来也是很好的朋友，月底我要去纽约和他有一个对话。

有人说杰克·韦尔奇这套体系在美国不 Work（起作用），只有在其他地方 Work，事实上在美国也 Work；有人说 Internet（网络）不 Work，但在我们这里也 Work。中国不 Work，我们也要把它变 Work，因为 Value（有价值）。

在这个社会，瘦肉精也好，毒奶粉也好，这些问题都是因为丧失了最基本的价值体系。

但我觉得价值观是趋势，社会一定会往这儿去的。所以我跟大家讲，反正你们已经不幸加入了这家公司，这几年里，CEO 是相信、而且也好这口。

如果你们换一个 CEO 可能好一点，但是换，那么就得等下一个。我也告诉大家，如果我选下一个 CEO，肯定也是这么一号人，所以你们要想清楚，这就是命！

很多人说马云，你们公司太残酷了，进来以后考核价值观！我说我没骗你，来之前就告诉你我们要考核的，是你骗了我，说没问题，考核就考核。

我跟员工几次交流，跟他们讲 You unhappy, the door is open, if you happy, that's ok（你不开心，大门是敞开的，如果你开心，那就很好。）.

至少要给你自己一次机会，在一辈子中有一次说 Why not, try it！（为什么不呢，试一试！）也许你会喜欢。

如果最后你还是觉得不喜欢，那不是你错了，也不是我们对了，是因为不合适，这太正常了。

阿里巴巴能够成为多文化融合的公司吗？ Yes, of course！（是的，当然！）但是再多文化也不可能允许一个不诚信的文化在这里面，不敬业、不激情、不团队合作、不客户第一、不拥抱变化、这个不靠谱，除此以外，That's happy（都是很快乐的）。

再开放也要有一个平台，有一个基石，就是六个价值观的基石。我允许大家讨论六个价值观对不对，比如"拥抱变化"对不对，"团队合作"对不对，这个我们可以讨论。

我啰哩啰嗦讲了这么多，表达的声音就是这个公司就这个样子，它平凡，但是它希望做得与众不同。现在互联网对整个社会的作用很大，但未必都是积极或者正面的，我们希望通过真正的商业上的创新来完善这个社会。

我觉得商业社会是未来的生产力，大家不要觉得我们"商"丢了什么，不丢脸！我们是在完善社会的配置，只是我们从工业时代带来的资本主义剥削思想，到商业时代要变成解决社会问题的理想，这样的"商"才会成为先进生产力。

阿里巴巴就是要用商业时代的思想，通过互联网技术去完善社会。这是我说的，希望大家 Take serious（认真考虑）。因为我是真这么想，也真这么做的。

所以我只能跟大家说对不起，你们有这么一个 CEO。你们也只能说上当了，怎么来这么一个公司，将就着慢慢看，也许因为是商人，你们会 Happy。

马云在 B2B 员工大会上的讲话
（2012 年 7 月 23 日）

转换方法，还能持续增长

好久没见大家！过去一年确实是比较艰苦的一年，大家知道整个公司发生了很大的变化，从 B2B 卫哲的离开到淘宝的拆分，到支付宝，我算了一下，大概有七八件事情，几乎没有一件事情是比较轻的。

但是都过去了，后面我们还会碰上七件八件甚至七十件八十件，但是我想我们还得过去。

每次听见外面人讲 B2B、讲阿里巴巴同事，特别是在浙江、广东、福建的企业家朋友，讲起我们阿里巴巴的员工，我真是觉得无比骄傲，我是真心感到骄傲。

刚才彭蕾说回到这儿有接地气的感觉，我觉得真有接地气的感觉。B2B 在我心里面分量非常重，在整个集团内部分量非常重，没有 B2B 就不会有阿里巴巴；没有 B2B，我们今天就不可能谈"七剑下天山"；没有 B2B 就绝对不可能有阿里巴巴到今天为止最引以为豪的价值观文化。正是因为 B2B 诞生了价值观文化，使阿里巴巴在最困难的时候仍然能够坚持。

回到 B2B，就感觉回到大本营一样，但是心里特别难过，来的时间太少，因为这五个月对我来讲，也是非常艰难的五个月。今天我是专门回来参加这个会，我希望有一下午时间看看大家，听听大家的声音，甚至一会儿大家提问的时候，抱怨都可以。

我几乎每天都在内网上，每天上很多趟。看到 B2B 同事的回帖，我特别感动，不管你说任何话，我都觉得你讲的是对的，因为讲的是真心话，因为这是一种信任，所以简单。我还很少看见 B2B 同事上来以后乱说一通就跑掉的。

在我心里面，我想在阿里巴巴所有人心里面，B2B 是一家非常伟大和了不起的公司，这不是恭维大家，我是真心这么觉得。在今天这样的经济形势下，中小企业一塌糊涂，民营企业一塌糊涂，整个国际经济形势很糟糕，进出口贸易很糟糕的情况下，B2B 还能够坚持发展。

2007 年上市是一种运气，也是一种努力的结果，今年我们下市更是要有魄力。在很多人挖空心思把自己拱上市的时候，B2B 有魄力说我们下市了，这是需要勇气的，而且花出了 190 亿港元的代价，当然隐形代价更多！我想在座各位以及工作岗位上的所有 B2B 同事都郁闷过、纠结过，我们到底怎么了？我们为什么要下市？

我相信纠结的存在，我也一样，也很痛苦。不过，虽然这五个月我回杭州只有两三天时间，我看到一到六月份，B2B 的业绩还增长了 30% 多，很了不起！在这个社会上，在中国，在互联网圈内，比我们挣钱的公司多得是，但是很少有一家公司真正把自己定位为服务中小企业，所有的努力是去帮助中小企业做出口、做内贸。

我们极有可能做得不够好，客户还是有很多投诉，我们的产品也做得很"烂"，我一会儿会解释"烂"——我们不是不努力，而是我们的思想观念停留在昨天。尽管这样，因为我们的出发点，我相信我们还是赢得了客户，赢得了大家的尊重。

B2B 在我心里面的分量非常大，在所有人眼里分量非常大，从第一天起 B2B 就没有做错什么，但 B2B 可以做得更好。

去年年底的时候，集团做了一个 2012 年人头预算的计划，大家知道整个集团预算要增加多少人吗？说要净增加 8700 人。我说不行，重新做一遍，结果变成我们要 7800 人。经过几轮讨论以后，他们问我到底想多少，我说 200 个人——前提是保持 2012 年集团所有的业务，营业额也好，利润也好，各项指标翻番。

他们说要翻一番，起码 8700 人，我说就 200 个人。现在看来 200 个人，我们翻一番，还能多点。

这说明我们进入了一个误区，觉得业务要增加，必须加人。其实，阿里巴巴的弹性还是非常大，200 人到 8700 人，这么大的弹性！

刚刚彭蕾也讲了，200 人估计还不定用得完。我问大家说整个阿里巴巴集团明年要增加多少人，我估计没人好意思说一千，最多也就是五六百号人。同样这一批人，我们转换了思想，转换了方法，还能够持续增长。

重回"让天下没有难做的生意"

今天整个经济形势发生了变化，互联网发生了变化，我们也必须变化。今天早上发了一封信，对不起，多加了一个"马"字。以后你们看，如果标点符号全对，没有错别字……那肯定不是我自己写的。

今天早上宣布的"七剑"，我们等了九年时间，我们为此做了九年的努力和准备。要成为一家真正能够持久发展 102 年的企业，我们要问这个问题——上世纪企业成功是靠抓住机会，这世纪你必须解决社会问题，二十一世纪中国可能面临的最大问题是什么？就业。我觉得 2014 年、2015 年，这个国家、这个社会，包括很多其他国家都会面临就业问题。

记得十周年的时候，我们提出了三个目标，要为一千万家企业提供一个生存发展的平台，创造一亿的就业机会，为十亿人提供一个消费平台。大家是不是记得？这几年来，我脑子里想的最多的就是如何实现这几个目标。

我想跟大家讲，我们今天少招人，是为了用技术、用思想去解决问题，而不是用人去解决问题。

也有人喜欢一年招两万多人，我们应该要监督别人实现这个目标，我们没这个本事。对那些年招两万人的公司，我们应该给他们热烈的掌声，坚持下去。

2014 年、2015 年整个社会又会发生很多就业困难，我们该做什么，今天就要为此做准备。记得 2009 年，阿里巴巴在金融危机时多招了 5000 人，这 5000人让我们到今天还没好好消化，因为我们没有做好准备，是仓促的决定。假设我们希望在 2014 年、2015 年为社会解决更多就业问题，今天就要做准备。

当然还是这句话，我们不是为了招人而招人，我跟各位总裁开会时提出了一个听起来很愚蠢的目标，但是我相信阿里人是会实现的。什么目标呢？阿里巴巴集团在营收过一千亿人民币那天，人数不能超过三万三千人，也就是说人均产值必须达到三百万。

我前段时间碰上个在香港上市的公司的人，问他们有多少人，他说我们有一万八千人。我说你们营业额多少，27 亿！

B2B 人均一百万不到，我们把它下市，因为我们必须把它变成一家真正的互联网公司。今天淘宝已经不错了，支付宝还差一口气，各个公司都在努力。每个人进来，我们都得认真挑选，我们必须明白，在 2014 年、2015 年以后，这个社会需要我们做更大的贡献。

在中国，解决就业问题的一定是中小企业。中国需要大批杭师院、杭商院、杭电院这样的毕业生，这批人踏实、接地气，他们创业、他们完善自己，懂得技术、懂得互联网，每个人创造十个八个就业机会，就会解决大量的就业问题。

假设到这一天，我们真正为一千万家小企业创造一个就业平台，每一家小企业有十个人，我们就有希望创造一亿个就业机会，当然还不包括 ICBU 在非洲、中东和美国这些地方创造的就业机会。

没有一家公司能够真正红十年，你要想持续发展 102 年，必须是按一波一波来。我们现在推出的是淘宝和阿里合起来的"七剑"，形成 CBBS 的一个生态系统。什么叫 CBBS，CBBS：Consumer to business to business to service provider，就是把消费者、渠道商、制造商和电子商务服务商融合成一个系统。

我相信经过未来三年的努力，我们将会真正形成"七剑下天山"，七家公司整个思想围绕着中小企业的生存和成长。七剑的主要目的是什么？使命是什么？记住，我们的使命，整个集团的使命，再度恢复到"让天下没有难做的生意"。

我觉得今天早上的宣布，不是阿里巴巴并入了淘宝，而是淘宝参与了整个阿里巴巴使命的建设。大家知道淘宝以前的使命是"促进新商业文明"，大家觉得稍微空和虚了点，那我们把它落落地，干脆来"让天下没有难做的生意"。

帮助中小企业，这里面机会很多

假如这是我们的发展方向，那结果会怎么样呢？结果是我们为一千万家企业创造平台，提供一亿的就业机会和服务十亿的消费者。

在这样的大图下面，B2B 的机会是什么？我刚才听了叶鹏、吴敏芝讲 CBU 和 ICBU 的机会，非常同意，但是我再给大家稍微畅想一下。

淘宝这几年专注在服务消费者上面，但是淘宝已经面临巨大的挑战。以前淘宝可以直接捍卫消费者，帮助消费者，但是当注册用户过了六亿的时候，请问我们还能够靠几千人去支持和服务好这些消费者吗？很难。我们必须帮助企业，让企业去服务消费者，帮助卖家，完善他们的机制和服务。

所以淘宝的问题在于，懂得消费者但是在支持企业方面有巨大的缺陷。你们要真正代表企业的利益，去帮助企业服务好消费者。

所以我判断，在座每个人，你们加入"七剑"之后，将承担起巨大的支持、帮助中小企业的责任，让他们更好地去服务别人，这里面机会非常多。

在全世界范围内能够通过英文网站买东西，除了 eBay、亚马逊，还有谁？阿里巴巴。阿里巴巴 ICBU 想明白了，你们的对手是亚马逊，你们的对手是 eBay。我希望有比 eBay 更多的消费者使用 Alibaba.com 购买商品，无论是买一件还是一万件，这是我们的力量。

我们要有比亚马逊更好的服务，我们要有比 eBay 更丰富多彩的商品，只有这样，ICBU 才有立足之地。我们牛不仅牛在能做批发，更能做零售，只有这样，ICBU 的前途才能更大，至少我们已经是前三名了。拖下任何一个，我们都是第二名。

所以大家要有信心。我们有的是什么，我们有的是时间，还有九十年。ICBU 要有这种志气，在座所有 ICBU 的人，想清楚了。我们如何创新，前面有两位大哥，好好学习。

CBU 大家知道有多大的机会吗？除了 Market place，除了诚信通以外，数百万淘宝卖家的供应链极其之差。任何中小企业没有 IT，没有供应链，没有物流，没有配送以及软件的支持、CRM 的支持、财务的支持，我相信这个企业是成长不起来的，所以这里面的机会非常之大！至于到底该做什么，叶鹏和你的团队去讨论，只要我觉得你们是为企业服务的，我都不反对，如果为消费者服务的，必须通过企业。

在七剑里面，真正代表企业利益的是 CBU，所以你们将会去承担起一千万家企业 Work at Alibaba 的使命。今天时间终于到了，终于有这么一个机会。

以互联网的思想与技术为武器

现在我觉得阿里巴巴前景非常大，但是挑战也非常大，我跟大家分享一下。

B2B 为什么有今天，这跟最早阿里巴巴创始人的结构是很像的。阿里巴巴十八个创始人，工程师加起来共有两个半！一个是呈泳铭，半个是狮子，好像是学化学的，还有一个是技术人员，周悦红（周宝宝）。Engineering（工程）和 Technology（技术）？是两个不同的概念，我最近才搞清楚，所以其实还不到两个半。

我们总共是十八个人，其中十五个人几乎没有一个人懂技术，只懂服务、懂营销。成立 B2B，就是一家在前端营销非常强、服务意识非常好的一家公司。但是你看，马化腾是工程师出身，从工程到产品，腾讯出来一帮工程师，做出来的产品越来越好。李彦宏是技术人员出身，他是技术和工程都做得不错，做了一个百度。而我们 B2B 搞了前端，我们其实连产品都没有，只有商品，一个中国供应商，一个诚信通，拿来就卖，但牛在什么东西都能卖得出去。

但是我们亏在哪儿？我们的 Engineering 基础比较薄。人家挖了一个大地基，上面可以建四百套房子，我们是每套房子挖了一个地基，每套房子建成了一栋别墅。

但是现在整个集团味道起来了。淘宝 Engineering 非常好，产品不错，支付宝技术不错，Engineering 也很好，阿里云纯技术。原先我们不是 One Company（整个集团）的战略，阿里云管自己的，淘宝管自己的，B2B 管自己的，支付宝管自己的，今天形成体系以后，我们可能是中国互联网公司中唯一集技术、Engineering、产品、营销和运营的公司。

很少公司有我们这么几支铁军，阿里的中供铁军、诚信通铁军，外面找不到，我觉得这是我们最牛的本钱。很少有一家公司既懂企业，也懂消费者，只有我们，有 B2B，有淘宝；很少有公司能够在工程和产品上面都做得不错，除了腾讯以外就是淘宝；很少有公司能够技术、工程都做得不错，就是支付宝和百度；很少有公司是纯技术的，特技术的，只有阿里云。

我们该有的都有了，我们有了公司的大框架，有了技术、有了工程、有了产品、有了服务和营销，接下来我们如何真正形成开放、协同、繁荣的生态系统，我们需要中间这根线串起来。B2B 注重营销，非常了不起；注重运营，也很了不起，在这么点流量中能够运营出几十亿的收入，假设再给你们一点流量，你们会孕育出什么东西来？

但是我们正因为这方面（营销）做得不错，另外的方面就做得很糟糕，B2B 缺乏产品，B2B 缺乏 Engineering，B2B 缺乏互联网的思想、互联网的技术。十三年下来，我们在互联网的思想上有退步，至少没进步，在互联网的技术上面，我们不够创新。

淘宝今天承担了什么责任？淘宝是用互联网的思想和互联网的技术，去改变了整个中国消费和零售的状态。支付宝正在用互联网的思想和互联网的技术去重新为未来整个中国金融做支撑。B2B 呢，我们也必须用互联网的思想、互联网的技术去解决未来中小企业生存的问题，而不仅仅是手头上拿两个产品去卖。假如不走出这两个，我们永远是家很辛苦的公司。尽管跟别人比，我们很不错，但是你比的时间不会太长。

今天 ICBU 有两个模板，eBay、亚马逊。我负责任地说，全世界还没有一家真正懂得用互联网的思想和互联网的技术去为中小企业服务的企业，我们尽管拥有这么多人，但我们还没有做到。假如说我们不做到，一定会抱憾终身，起了一个大早，赶了一个晚集。

所以 CBU 的同事们，努力思考什么是互联网的思想，开放、分享、责任、全球化。什么是互联网的技术，你们比我们懂。如何利用好这两个去服务中小企业，别说远的——在淘宝上的以及在阿里巴巴上的，相信阿里巴巴，使用阿里巴巴，付了那么多年钱的客户，服务好他们，我觉得已经很好了。所以这是我给大家提出的一个建议也好、批评也好，请大家去反思。

另外刚才老陆讲到，我们原先是 MP，叫 Manage the Professional，M1、M2、

M3 要比 P 大。我们要从 MP 的文化逐渐转向 PM 的文化，Professional Management。

一个人要想管好五十个人，要能够领导和影响五十个人，首先这五十个人要懂得自我管理。知识经济时代，知识人才的管理是自我管理。我们深以为傲的价值观，不是管理别人的工具，价值观是管理好自己的行为准则。

所以我希望大家在今天阿里巴巴的基础上面，去反思，去升级。我们不需要转型，我觉得我们做得非常好，B2B 为 B 企业服务，想尽一切办法去服务他们。但是我们要升级我们的思想、升级我们的管理、升级我们的文化，只有这样阿里才能走出来。

企业最值钱的是人

B2B 今天最值钱的东西是员工，不是我们的机器，不是我们的流量，更不是几十亿的营业额，而是我们的人。

这些人如何保护好，最好的方法就是让他们成长起来。在集团的几次会议上，彭蕾和邓康明，HR 同事，各个总裁开会，讨论最多的是如何给 B2B 的同事一个成长发展的机会。所以我们打开了全集团的门，集团所有的公司，B2B 同事你愿意去，都可以去，当然人家要不要你是另外一回事。

当然淘宝很多人也会移到你们这里来，支付宝的人也会移到这里来，我们从现在开始，在 One Company 的情况下，集团内部随意调动，没有任何禁止。当然刚才彭蕾讲到，你必须要有 Successor（接替者），基本的制度还是要有。

我们原则上打开这道门，考虑最多的是这批年轻的同事，让大家有更多的机会，机会首先给阿里人。

今年只招两百个人的一个很重要的出发点，就是给 B2B 的同事留下机会，否则各公司总觉得外面的人比我们好。我总觉得我们的人比外面的人好，你们没看到我们出去的人到外面都当官吗？来的时候，我在内网上看到一个同事发帖说很郁闷，他下面的人出去，去了腾讯，加工资，升了官，只有他在阿里巴巴没有加工资。本来他早就想走了，就是因为房子在杭州，所以不走——这种纠结很正常，我感谢这位同事把真心话讲出来。

有没有纠结，每个人都有纠结，娶了个老婆，发现另一个女孩更好，对不对？按照陈伟的说法，谈情说爱看别人的优点，谈婚论嫁看别人的缺点。我们"嫁"了这家公司以后，这个公司一定有很多不满意的地方，但是你得明白这个公司有没有改过自己的使命，有没有改过自己的目标，有没有尽心尽力去改善？

我作为这家公司CEO，从没改变过客户第一、员工第二、股东第三的想法。我也没看到阿里巴巴集团各位高管在一起开会的过程中，把员工利益放在最后。纠结一定有，而且这种纠结也很正常，我也有N多的纠结，但是我已经"嫁"给它了，只能完善自己，完善公司。

大家提出的各种各样的建议，我们都接受，至于改不改变，我觉得需要共同的努力。我们常常只看到了别人好的地方，没看到别人付出巨大的代价。

阿里要学的东西很多。在座每个人，今天只是The beginning，刚刚开始，我们在座每个人反思一下：互联网思想有没有？这个团队的互联网技术用得好不好？我们对客户是不是真正帮他们成长起来？

我要讲的就是这些，祝福大家，而且希望大家继续保持B2B的精神。这种思想，这种价值，这种文化，因为有这些，"拥抱变化"才变成现实，我们才开始完善，才开始学习。

谢谢大家！

后 记

对于本书的出版，在此要感谢马云和阿里巴巴的团队，正是他们的创业，给了我们这样好的素材。另外，在本书写作过程中，参考、引用了大量的相关资料，由于时间仓促，有些资料没有注明来源出处，在此对所参考引用书籍、文章、报道的作者们表示感谢。最后要感谢为这部书稿付出辛苦的编辑和工作人员。当然，还有我们的读者，正是由于你们的支持，我们才有了前进的动力。

参考文献

1. 刘世英，彭征著 . 谁认识马云 . 北京：中信出版社，2006

2. 杨艾祥著 . 马云创造：颠覆传统的草根创业者传奇 . 北京：中国发展出版社，2006

3. 沈威风著 . 淘宝网：倒立者赢 . 杭州：浙江人民出版社，2007

4.《赢在中国》项目组编著 . 马云点评创业——CCTV《赢在中国》现场精彩点评实录 . 北京：中国民主法制出版社，2007

5. 余在杭编著 . 芝麻开门——马云和阿里巴巴的成功之道 . 北京：中国时代经济出版社，2007

6. 郑作时著 . 阿里巴巴——天下没有难做的生意 . 杭州：浙江人民出版社，2007

7. 刘世英，彭征明著 . 马云创业思维 . 北京：经济日报出版社，2008

8. 朱甫著 . 马云如是说 . 北京：中国经济出版社，2008

9. 阿里巴巴集团编 . 马云内部讲话 . 北京：红旗出版社，2010

10. 阿里巴巴集团编著 . 马云内部讲话 II . 北京：红旗出版社，2013